軽トラでやってきた神さま

西 宏（にし　ひろし）

軽トラでやって来た神さま

もくじ

二章　信頼　～ガイドとの共同作業～

三章　友情　～ガイドから教わった、ほんとうにたくさんのこと～

はじめに

この本に出てくるおもな登場人物（？）は、私と数人のガイドたちである。内容は、私がヘミシンクを通してガイドたちとコンタクトすることで、不安や疑問を解消し自己成長していく過程をまとめたものだ。

ガイドとは、私たちの成長を促し、導いている非物質の存在のことである。

彼らは人生のさまざまな場面で私たちにメッセージを送っている。たとえば、急にあることがひらめいたとか、虫が知らせた、なんて経験は誰しも少なからずあることだろう。あるいは偶然を装って、ある人や物との出会いを設定したり、夢に現れて大切なメッセージを伝えてきたりする。

こういう非物質の存在は世界的も広く知られている。それぞれの文化的背景や宗教、信仰などの違いによりガイド、神様、天使、魂の導き手など、さまざまな呼び方で表現されているが、非物質界から私たちを導いているという意味から、同じものを指していると考えられる。

本書では、この「非物質の存在」をガイドと呼ぶことにする。

普通の民間企業で営業マンとして働いている、いわゆるサラリーマンの私がヘミシンクと出会い、非物質界の存在を知り、そして自身のガイドとさまざまな体験を通して多くの気づきを得ながら、人生（というか生き方そのもの）が大きく変化していく。

ヘミシンクを知るまでは、家族（私は妻と息子の三人家族だ）がなに不自由なく日々暮らしていけて、年に一回か二回、旅行かなんかに行っちゃって、欲をいえば会社で少しだけ出世できれば言うことなし。日々おもしろおかしく生きていければそれでいい、と思っていた。

そんな私がヘミシンクというツールを得ることで、多くのことが変わった。

その結果、現在はサラリーマンの傍ら、ヘミシンクのトレーナーとしてセミナー参加者のお手伝いをさせていただいている。私がヘミシンクを始めた二〇〇八年当時は、自分がトレーナーになるなんて微塵も思っていなかったし、なりたいともなれるとも思っていなかった。人生、どこでどうなるか、本当に分からない。

いまこの本を手にとって読んでいるあなたは、次のようなことを考えてヘミシンクを始めることに二の足を踏んではいないだろうか。

「ヘミシンクに興味がありセミナーに参加してみたいが、仕事が忙しくて休みがとれそうにない」

「ヘミシンクのＣＤを買ったが、聴く時間がない」

「そもそも、ヘミシンクを聴いても体験できなかったらどうしよう」


実は、これらは私自身が考えていたことである。

ヘミシンクを知り、興味はあるが、時間がない。おまけにサラリーマンの私にとって、月々の小遣いからセミナー参加費を捻出するのは、けっこう大変なことだった。

さらに、そこまでしてセミナーに参加して、何も体験できなかったらどうしよう。

そんな思いもあり、なかなか最初の一歩が踏み出せない。そして月日が過ぎていく。

こんな私と同じような境遇の方は、けっこう多いのではないだろうか。


私もあなたと同じだったのだ。

だからヘミシンクに多少なりとも興味があるならば、ヘミシンクを用いて体験できる世界を自分自身で見てみたい、感じてみたいと思うのなら、是非とも本書をお読みいただきたい。時間がない、お金がない、おまけに自信もないサラリーマンの私が、いかにして非物質界を探索してきたのか。

本書は私の体験記だが、その体験の多くはあなたにとっても、きっと役立つものだと確信している。


それともうひとつ。

本書には私のガイドたちが頻繁に登場する。

ガイドたちとの体験をトレーナー仲間に話すと、みんながみんな口をそろえて「なにそれ？」「それってガイドなの？」「ヘンなの」「面白いねぇ」「漫才みたい」という。

褒められているのか、そうではないのか（私は褒められていると思っているが）いずれにせよ、そんな私のガイドたちについて本にしてみようと思い立った次第である。


え、どんなガイドたちかって？

まあ、そう慌てずに。

まずは私とヘミシンクとの出会いから順番にお話ししていきたいと思う。

序章　きっかけ

私がどういう経緯《いきさつ》でヘミシンクを始めたのか

死ぬことが死ぬほど怖い

まずは私がヘミシンクに出会うまでについて、簡単にご紹介したいと思う。

普通のメーカー勤めの父と専業主婦の母との間に生まれた私は、何不自由なく普通に育った。地元の公立小学校、中学校に通い、決して優秀ではない都立高校に進学し、たくさんの友達を作り、楽しく高校生活を送っていた。

そのころ私はバンドをやっていた。当時（70年代後半）私のまわりにはバンドをやっている友人が結構いた。そのほとんどがビートルズやローリング・ストーンズ、はたまたディープ・

パープルやレッド・ツェッペリンといったミュージシャンをコピーしたロック系のバンドだったが、私がやっていたのは、フュージョン系のバンドだった。当時人気があったのは、クルセイダーズやリー・リトナーといった、ジャズとロックを融合し、聴きやすくしたようなサウンドを奏でるミュージシャンたちだった。私がやっていたバンドもご多分に漏れず、これらのミュージシャンの曲をコピーして演奏していた。学園祭やライブハウスに出るため音楽スタジオを借りて練習し、練習のあとはバンドのメンバーの家に行き、夜遅くまで語り合った（もう時効だろうから打ち明けてしまうが、高校生のくせにお酒も結構飲んだりしていた。だが決して不良ではない。単に背伸びがしたかったのだ）

毎日が盛りだくさんだった。退屈することのまったくない、本当に充実した毎日だった。

そんな頃、いくつかの出来事が起きた。

同級生が自殺したり、同じ部活の子（女の子）が付き合っていたカレがオートバイ事故に遭遇したりと、短い期間に私と同年代の人がふたり亡くなった。

どちらも直接の知り合いではなかったが、それでも高校生だった私には、大きな衝撃だった。人間って、簡単に死んでしまうんだ、ということにショックを受けた。はじめて「死」というものを身近に感じた瞬間だったかもしれない。

この出来事がきっかけだったどうか、正確には覚えていないが、このころ漠然と「自分が死んだらどうなるんだろう」ということを考えたことを覚えている。

人間は眠るとき、意識を失う。そして目を覚ましたときに再び意識を取り戻す。目を覚ました瞬間に、ああ自分は寝ていたんだということを認識する。つまり、目を覚まして初めて自分が寝ていたことに気付くわけだ。これが私の理解している「寝ている」状態である。

それでは、死んだらどうなるのだろう。想像してみる。

人間、死ぬと当然のことながら意識を失うよな。意識を失った状態っていうのは、寝ている状態に近いのかな。寝ているときには数時間後には目を覚ますよな。目が覚めれば意識が戻るよな。でも死んでしまえば目を覚ますことはないから、永遠に意識が戻らないってことだよな。意識が戻らない、意識を失ったままの状態って、どんなだろう……

ここまで考えて、私は行き詰まってしまった。

いくら考えても答えが出ないのだ。

寝ているときは、自分の意識はないため「寝ている」ことがわからない。目が覚めたときに

（つまり意識が戻ったときに）はじめて自分が寝ていたことを知る。でも死んでしまうと意識が永遠に戻らない。意識が戻らなければ、自分がどうなっているかを知ることが出来ない。永遠に、何も分からない状態になってしまう。そう、自分が死んでいるかどうかすら自分には分からない。それが死ぬと言うこと……か？

だから、それってどんな感じ？

途轍もない恐怖に襲われた。

死とは、いくら考えても決して理解の出来ない状態になってしまうこと。死ぬことが怖いというよりも、死んだ状態が自分の頭で理解できないことが怖い。

死を考えると、怖くていても立ってもいられない。頭を抱えてベッドの上を転げ回りたい、大声で叫びながら家を飛び出し、当て所なく走りたい。恐怖でのたうち回るという表現がぴったりな気持ちになった。

そこで私は、死についてなるべく考えないことにした。

考えたところで答えは出ない。だったら考えるのは止めにしよう。自分はまだ若いし、生きている時間を最大限に楽しもう。人生バンザイ。盛り上がること優先だ。

刹那的な日々

こうして刹那的な生き方を選んだ私は、何をしているときでもその瞬間が面白ければいいと思っていた。多くを考えもせず、みんながそうするから自分も大学進学を目指し、文系科目よりも理系科目のほうが少しだけ得意だったので理系に進んだ。

大学に入った私は、例によって勉強はあまりせずサークル活動に精を出した。ジャズ研に入部し、モダンジャズやフュージョンを浴びるほど聴き、思う存分演奏した。もちろん、プロになる気などはさらさらなく、その場が少しでも盛り上がればそれで良かったのだ。

昼間は少しだけ授業に顔を出すが、ほとんどの時間はジャズ研の部室か、ちょっと遠いが歩いて行ける神保町のジャズ喫茶に入り浸っていた。そして夕方から練習をし、練習が終わるとみんなでバカ騒ぎした。

時代は80年代前半、世の中がバブルへと一気に加速し始めていた頃である。大学生の多くが車を持っていた。いま考えると信じられないような話しだが、サークルの練習がある日はみんな車で大学に来ていた。練習のあと、車で来ている仲間で湘南や江ノ島のほうまでドライブした。真夜中に海沿いのカフェでお茶をして、明け方にふらふらになって家に帰る。そんなことを頻繁にやっていた。

私の大学時代は、音楽と車、その合間を縫って少しだけお勉強、という毎日だった。

楽しい大学時代はあっという間に過ぎ、気づけば四年生になっていた。いよいよ私も就職活動だ。当時は今とは違い、想像を絶する売り手市場だった。私が通っていた学科の四年生二百人に対し、求人は数千社もあった。ろくに勉強もしてこなかった私だが、最初に受けた大手企業から内定をいただき、ほとんど苦労することなく就職活動は終わった。そのままその大手企業に就職し、私の社会人生活がスタートする。

それからは、仕事と日々の生活に追われる毎日だった。いわゆる普通のサラリーマンってやつである。26歳で結婚し、五年後に子供が生まれてからは、子育てと仕事に翻弄される日々。時代はバブルが弾け、日本経済とともに日本人そのものが元気を失っていった。収入が思うように上がらない中、仕事ばかりがどんどん忙しくなっていった。

大学時代までのような、自分の好きなことに割く時間がほとんどない毎日を過ごすうち、ふとあることを考えるようになった。

このままでいいのか、これが俺のやりたいことだったのか？

それでも時間は止まってくれない。平日の日中は仕事、夜家に帰ってくると子供が手ぐすねを引いて待っている。

「お父ちゃん、ゲームやろう」

食事もそこそこに、子供に誘われるままにテレビゲームをする。

子供が寝てからが私の時間だが、この頃にはすでに私も疲れきっている。ビールを飲んでバタンキュー。目が覚めれば翌朝。この繰り返しで月日が過ぎていく。

自分の本当にやりたいことは別にある、そんな思いもあるにはあったが、日常に流される生活にさほど大きな不満は感じていなかった。なぜなら仕事で疲れて帰ってきても、家では家族が自分の帰りを待っていてくれる。目の回るような毎日だったが、それでも幸せだった。

元バンド仲間の死

ある日のこと、むかし、ほんの一時期だったが一緒にバンドで演奏したことのあるFから連絡があった。Fとはバンド以外に仕事面でも接点があり、以前はかなり親しくしていたのだが、ここ数年はお互い忙しかったせいか全く連絡を取っていなかった。

久しぶりに飲みに行こう、ということになり、一緒に最寄り駅近くのバーに行った。

懐かしさもあり、いろんな話をした。むかし一緒にバンドをやっていた頃は楽しかったな、あいつは今どうしてる、え、結婚したの、子供もいるの、二人も？　いや子供のことで大変だよ、じゃバンドどころの騒ぎじゃないな……

その中で、Fのバンド仲間のTが死んだ話になった。Tについては私も短期間だったが一緒に演奏したことがあったため、びっくりした。まだ若かったのに……

酔っていたからだろうか、私はFに「自分は死ぬということが怖くて仕方がない」という話をし始めた。死んだあと、自分はどうなってしまうのか、まったく理解できないことが怖くてたまらない。するとFは、

「そんなの、『生きがいの創造』（飯田史彦著・ＰＨＰ研究所）を読めば書いてあるよ」

え……死んだらどうなるか、本に書いてある？

興味がムクムクと湧き上がってきた。反面「ホントかよ」という思いもあった。

兎にも角にも、これは読んでみるしかない。

翌日、さっそく書店に行き、その本を見つけると中身を確かめることもなくそのままレジに直行し、買って帰った。そして一気に読んだ。正直びっくりした。

自分の知りたいことがほとんど書いてあった。ひとことで言うと、「人は肉体と意識からなり、意識は過去から現在、未来に向けていくつもの肉体で『生まれ変わる』ことにより、複数の人生を経験する」

にわかには信じがたい内容だが、著者は数多くの実例（退行催眠により前世、過去世の記憶を掘り起こす）を挙げながら説明している。

そして、死後の世界や生まれ変わりを認めることで、私たちの人生にどのような変化が訪れるのかを論じている（『生きがいの創造』は、その後シリーズ化され、複数の書籍として出版されている）

これが本当なら凄いことである。いままで自分が「死」と捉えていたものは肉体が滅びることであり、意識は消えてなくなることなく次の人生（別の肉体で別の人間としての人生）を生きる。これを過去から現在、未来にわたって繰り返していく。

この本に書いてあることが真実ならば、いままでずっと避けて通ってきた「死んだらどうなる」の疑問が解消することになる。これで死ぬことを恐れる必要がなくなる。そう思った。

しかし、頭で理解できても、実際に死んだときに具体的に自分が何を体験することになるのか、肉体をなくした自分が行く場所が、実はとんでもないところだったら……不安がすべて払拭されたわけではなかった。

それでも、死後の世界が「無」ではない、まだまだ得体のしれない部分がたくさんあるものの、そこには「何か」がありそうだ、ということは理解できた。これだけでも、私にとってはとてつもなく大きな成果である。この本のおかげで、死に対する恐怖は消滅しないまでも、かなり小さくなった。

ホントかよ

そんなある日、仕事帰りに近所の書店に立ち寄った。欲しい本があったわけではない。ただ何となく、暇つぶし感覚でふらりと書店に入った。

雑誌や小説などを見つつ、店内を気の向くまま足の向くままに散策していたとき、ふとある一冊の本が目に留まった。表紙には『死後体験』（坂本政道著・ハート出版）とある。

「？？？」

実は、これが私とヘミシンクとの最初の出会いになる。もちろん、その後私がヘミシンクにのめり込み、トレーナーにまでなってしまうなんて、このときには微塵も思わなかった。このときはただシンプルに、本のタイトルである「死後体験」というフレーズに興味を持ったに過ぎなかった。

何気なくその本を手に取り、ぱらぱらとページをめくってみる。

本の冒頭で、著者である坂本さんが死について恐怖心を持っていたこと、アメリカのモンロー研究所で開発されたヘミシンクという音響技術を用いることで死後の世界の探索が可能になること、そして自分自身が死後の世界を知ることで、現在は死について恐怖心はきれいさっぱり霧消してしまったことが書かれていた。

ここに出てくるヘミシンクというのは、アメリカのモンロー研究所が特許取得しているオーディオガイダンス技術で、ヘッドフォンを使って右耳と左耳に異なった周波数の音を聴かせることで、その周波数差に相当する脳波が脳幹で生み出されることを利用して、意図的に脳波を変性意識状態に誘導するというものである。

変性意識状態とは、体外離脱や深い瞑想状態など、通常とは異なる意識状態のことをいう。変性意識状態という言葉の示す範囲は非常に広く、深い瞑想状態や白昼夢を見ているような状態から、ヒーラーや遠隔透視、チャネリングなどを行なっている状態も広い意味で変性意識状態という。変性意識状態には、時間や空間の束縛から解放された状態も含まれるため、意識が自分の肉体から離れ、遠く離れた場所を見てきたり、あるいは時間を超えて自分の過去世を見てきたり、死後の意識状態を体験したり、といったことも出来るのだそうだ。ヘミシンクは脳波を変性意識状態に誘導することで、特別な能力を持たない人でもこういった体験が可能になるという。

「ホントかよ」と思った。

と同時に、本当だったらすごいな、とも思った。

私はその本を購入し、駅前の喫茶店に入った。

家に帰るまでの時間がもったいない、今すぐに読みたい、そう思っての行動である。

本の内容は、著者である坂本さんがアメリカのモンロー研究所に自ら赴き、実際にヘミシンクを体験した過程が綴られている（詳細については、ここでは割愛する。ご興味のある方は『死後体験』をお読みいただきたい）

私がもっとも興味を持ったのは、ヘミシンクを使うことで、そうした体験が自分自身でできるという点だった。

臨死体験や退行催眠などを通して、あちらの世界や過去世を垣間見てきた人の体験談に触れる機会はあるが、それらはすべて、私にとっては「伝聞＝人から聞いた話」であり、やはりどこかで信じきれない部分があった。

ところが、ヘミシンクは自分が体験することが出来る。人から聞いた話ではなく、まさに自分自身で死後の世界や過去世を体験できる。

ワクワクした。そんなことが本当にできるなら、是非とも体験してみたい、そう思った。

冒険が始まった

そう思ってから実際にヘミシンクのセミナーを受けるまでに、一年以上の時間がかかった。というのは、サラリーマンである私はけっこう忙しく、セミナーに参加する時間を作ることが出来なかった。加えて、まだ自分の中で踏み出せない何かがあったのだと思う。

セミナーを受けても何も体験できなかったらどうしよう、みたいな。

２００８年の12月に、さんざん迷った挙げ句、ついにセミナーを受ける決心をした。とにかく受けてみよう、受けてみて何も体験できなければ、その時はきっぱりとヘミシンクのことは忘れよう。

こうして書いてみると、なんだか好きな女性に告白するときみたいだな、と思う。とにかく告白してみよう、それでダメだったらあの子のことはきっぱりと諦めよう、みたいな。

そんな妙な覚悟を持ってセミナーに申し込み、そして緊張しながら会場に赴いた。

果たして結果はというと、おぼろげな体験がいくつかあった。といっても、いくつかのイメージが断片的に見えた程度であり、意味を成す体験とはいえないものだった。

それでも面白いと思った。自分の意図しないイメージが見えたことで、これは続けてみる価値がありそうだと思った。そしてセミナーの帰りに自宅学習用のＣＤ６巻セットを購入した。

それからほぼ毎日のように、ヘミシンクＣＤを聴いた。そして時間の許す限り、いろいろなセミナーに参加しまくった。

体験の多くは朧げなものだったが、中には驚くほどクリアな体験もあった。ヘミシンクを聴くことで、そうした緩急さまざまな体験が出来ることが楽しくて仕方がなかった。

自分の過去世を知ることで、現世に生きている意味を理解したり、ガイドに導かれつつ死後世界を探索したり。そして多くの疑問をガイドにぶつけることで、答えやヒントをもらってきた。

本書では、そういった今までの私のヘミシンク体験から、ガイドとのやり取りを中心にご紹介していきたい。私のガイドたちは、あなたのイメージする「ガイド像」とは違うかもしれない。いや、もしかすると大幅にかけ離れているかもしれない。それでも私にとっては大切な、そして愛すべきガイドたちである。

前置きがずいぶんと長くなってしまった。
それではそろそろ本題に入るとしよう。

コラム① フォーカスレベルについて

ヘミシンクによって誘導される意識状態を、ひとことで「変性意識状態」というが、この変性意識状態にはさまざまな状態が含まれる。

さとり、神秘体験、深いリラックス状態、瞑想状態、睡眠状態、白昼夢、テレパシー、直感、予知、体外離脱、ヒーラーやセラピストの意識状態などに加え、広義にはドラッグやアルコールによってもたらされる幻覚症状なども変性意識状態に含まれる。

このため、変性意識状態といっても、人によって解釈が異なってしまう可能性がある。

こうした事態を防ぐため、ロバート・モンローは特定の変性意識状態を表す指標が必要だと感じていた。そこで導入されたのがフォーカスレベルという概念である。

フォーカスレベルでは、特定の変性意識状態に数字を割り当てている。そしてこれら特定の変性意識状態に誘導するヘミシンクの振動数を特定することで、誰もが共通の意識状態（フォーカスレベル）における体験を共有することが出来るようになった。

各フォーカスレベルは以下のとおり。

・フォーカス１　意識が物質世界にしっかりある（覚醒している）状態。

・フォーカス10　肉体は眠り、意識は目覚めている状態。
・フォーカス12　知覚・意識の拡大した状態。
・フォーカス15　無時間（時間に束縛されない）状態。
・フォーカス21　この世とあの世の境界領域（架け橋の領域）
・フォーカス23　意識が囚われている状態（執着状態／孤独状態）
・フォーカス24〜26　信念体系領域（共通の価値観や信念を持った意識が集まっている）
・フォーカス27　中継点（転生準備のためのさまざまな場がある）
・フォーカス34／35　地球生命系内の時間を超えた意識の広がり、繋がり。I/There。
・フォーカス42　太陽系を超えた銀河系内の意識の広がり、繋がり。I/There クラスター。
・フォーカス49　銀河系を超えた銀河系近傍の意識の広がり、繋がり。I/There スーパークラスター。

フォーカスレベルの番号に深い意味はないが、一般的に番号が大きくなるにつれ物質的な世界から離れていく。

一章　出会い

その格好で、ガイド？

意味不明の体験ばっかりだ

はじめてヘミシンクのセミナーに参加した日、幸か不幸か意味のわからない朧げな体験をしたことから私のヘミシンク・ライフとでも言うべき毎日が始まった。
なんだかよくわからないが、ヘミシンクを聴くとイメージの断片が見える。都会の雑踏を多くの人々が歩いているイメージ、南の島のリゾート地のような風景、見覚えのない女の人の引きつったような笑い顔、暗いモヤモヤとしたトンネルのような中をゆっくりとすすむイメージ
……

それらが何を意味するのかさっぱりわからないが、意味もなく次々に見えてくるイメージが、どうにも気になる。何か意味があるのかないのか……

それが知りたくて、ヘミシンクを繰り返し聴いてみる。だが、それらのイメージの意味がわかるような体験が起きてくることもなく、聴くたびに新たに意味不明なイメージが次々と見えてくる。手元のノートには、意味のわからない体験が次々に書き記されて貯まっていくが、断片同士が繋がるということもない。

セミナーに参加したとき、トレーナーは言った。

「体験はどんな些細なことでもメモを取るようにするといいですよ。その時には意味がわからなくても、時間が経って意味がわかるということもありますから」

うそつき、と思った。

いくら聴いたって、ちっとも意味がわからないぞ。わけのわからない記録ばかりがどんどん増えていき、気分はひたすらドンヨリとするばかりだ。書店に並ぶヘミシンク本やブログの体験記を読むと、みんなものすごい体験をしているというのに、自分はといえば、どこだかわからない風景のイメージとか、会ったこともない変な顔のオヤジとかを見ているうちにＣＤが終わってしまう。

ヘミシンクを聴けば誰でも非物質界を体験できる、そう期待して始めてはみたが、やはり人によって向き不向きがあるのだろうか。すごい体験が出来るのはヘミシンクを聴いている人のうちほんの僅かで、ほとんどの人は私みたいに訳のわからないイメージが見えたりする程度で、それ以上なにも起きないのではないか。私には向いていないのか。でも自宅学習用のCDセット（ゲートウェイ・エクスペリエンス。6巻セットCD18枚組）を大枚はたいて買ってしまったぞ。どうすんだ、あの6万円は。6万円はドブの中か？（当時、自宅学習用のCDセットは6万円した。私にとって6万円は当時も今も大金といえる額だ）

そんな不安を抱きつつも、私は毎日のようにヘミシンクを聴き続けた。どこかで「もしかしたら自分にもすごい体験が起きるかも」という期待を捨てきれなかった。

過去世がみえた

初めてのセミナー参加から1ヶ月後、再びセミナーに参加することにした。

参加したセミナーは「フォーカス15探索コース」というもので、時間、空間の束縛から意識が解放された状態を体験するというものだ（現在、フォーカス15コースはテーマを分けて3つ

のコースになっている）

時間、空間から意識が開放された状態。

これは意識が時間的にも空間的にもなんの束縛も受けない状態のため、時空を超えた体験が出来るという。たとえば自分の過去世を体験してみたり、未来を垣間見てきたりといったことが出来るのだということだ。

時空を超えた体験。まさに私が体験したかったのはこれだ、と思った。自分の過去世を体験することが出来たとしたら、自分は「いまの肉体」以外でも生きていたことになる。

それがわかれば本当の意味で、死の恐怖から開放されるのではないか。

大きな期待を抱く反面、不安もまた大きかった。なぜならここ1ヶ月の自分のヘミシンク体験はといえば、意味不明のイメージの断片が見えるだけで何ひとつ意味がわからなかったからである。

そしてセミナーの日を迎える。

果たして結果はというと、期待以上の体験をしてしまったのだ。

その時の記録を抜粋してご紹介したいと思う。

セッション3「過去世の体におりる」

ナレーションが過去世に行くよう指示する。

行けと言われても、どうやって行くものか思いあぐねていると、ナレーションが過去世の自分の体に降りるよう指示する。

降りるとは憑依すると言うことか？

よくわからないため、何もイメージできない。暗闇のままである。

ナレーションが（過去世の）自分の足を観るよう指示している。

とりあえずわけも分からず自分の足をイメージする。

何を履いているか観るよう指示がある。

何もイメージできないためとりあえず無理矢理イメージしてみる。

ええいままよと勝手に「裸足」であることにする。

何となく裸足のような気がするが多少無理がある。

服装を尋ねられる。

裸足なのだからきっと原始人とかだろう、ということは獣の革かなんかを身につけていたりするのだろうか。

全部勝手に想像している。与えられた映像ではない。

自分がどこにいるか尋ねられる。

原始人だし、きっと狩猟でもしているのだろう、ということで、草原、と勝手に決めてみる。

こんなこと続けていても駄目じゃないか？　と思い始めたとき、ふと全く違うイメージが見えてきた。

夜。雨上がりなのか路面が濡れたように街灯を反射して光っている。

男の後ろ姿。黒いスーツを着ている。長身で痩せている。

ベストのポケットから懐中時計を取り出し時間を見ている。

なんだか少々イラついているような雰囲気を感じる。

時代はいつ頃だろう、見たところ18～19世紀頃か。

場所はイギリスのような感じである（あくまで感じるだけだ。本当のところは分からない）

ナレーションが時代を先に進めるよう指示する。

私（の意識）はイギリス紳士ごと空中に浮かび上がる。

そして前に向かって結構なスピードで飛んでいく。

やがて見えてきたイメージは、どこかの部屋の中である。

ヨーロッパ風の部屋。格式のある調度品が見える。

そこで私はひとりの女性と話をしている。

この女性は今の妻のような気がする。根拠はないが、そんな気がする。とてもきれいな女性である。お洒落なカップで紅茶を飲みながら、私と楽しそうに会話している。

どうやら私とこの女性は結婚する（した）らしい。

子供は何人くらいほしい？と女性に聞かれる。

私は「男が三人に女が二人」とか言っている。

「まあ、そんなにたくさん？」

女性は驚くとともに楽しそうに笑う。なにかとても幸せそうである。

再びナレーションで時代を先に進む。

先ほどの女性がベッドに寝ている。だいぶ年老いている。40代後半？

どうやらこの女性はもうじき死ぬらしい。

女性の死の直前に場面が飛んだようである。

付き添っているのは私だけだ。ほかに誰もいない（見えない）。

結婚したものの、子宝に恵まれなかったのだろうか。

先ほどのイメージの延長線で考えると、女性（妻）の死の床には私だけではなく、子供たちも付き添っていてもおかしくはないのに。

さらに時代を先に進める。いよいよ自分の死の瞬間に行く。

ベッドに寝ている自分の姿が見える。

付き添いは、誰もいない。

最後はひとり孤独に死んでいくのか。


セッションが終了してから、怒濤のような感動が私に押し寄せてきた。

そうか、そういうことだったのか。

いま見てきた過去世の意味がわかった。

いま（現世）の私の価値観に大きく影響している過去世だったのだ。

私は家族を非常に大事にしている。

家族のためなら他の何を犠牲にしても良いと思うほど、家族を、そして家族と過ごす時間を大事にしている。

休みの日は出来る限り家族と過ごす時間を持ちたいし、平日も一分でも早く家に帰って家族と過ごしたい。

私にとって何よりも大事なものが「家族と過ごす時間」なのだ。

この価値観は、世間一般からしてもちょっと度が過ぎていると自分でも思う。

思うが、どうしようもない。なにがそうさせているのか、と常々思っていたが、過去世でたくさんの家族と幸せに過ごしたかったのにそれが出来ず、最後は一人寂しく死んでいった経験が、いまの人生で家族を大事にする、という価値観として影響していたのだ。

この体験を、セッション後に参加者とシェアしたときにも、感極まってもう少しで涙が出そうになってしまった。

今回のセッションは、私にとって非常にすばらしい経験となった。

明確に一つの過去世が体験できたこと、今の価値観が過去世の影響を受けていることなどが自らの体験として得ることが出来たのが何よりも大きかった。

無理矢理イメージを作ろうとしても上手く作れなかったことも、面白い経験だった。

これもヘミシンクで見ることの出来るイメージが、自らの勝手な想像ではないことの裏付けとなるように思う。

このときの体験が、私にとって初めての「ストーリーを伴った体験」となった。

過去の自分の人生経験が現在の自分の価値観に大きく影響しているということを、自らの体験を以て知ることが出来た。

過去世はあるのだ、という確信とともに、ヘミシンクについても確信が持てるようなった瞬間だった。

こうすればガイドに会える？

自分にとっての記念すべき体験をすることになったセミナーで、実はもうひとつ大きな収穫を得ていた。それはトレーナーが言ったひとことだった。

「ヘミシンクの体験でガイドに会いたければ、アファメーションに『ガイドに会わせて欲しい』という思いを追加するといいですよ」

アファメーションとは、ヘミシンクのセッションの冒頭で体験の意図を明確にする目的で心の中で唱える言葉のことだ。自分は肉体を超える存在である、非物質界を探索したい、探索を通して奉仕・貢献したい、高次の存在に体験の手助けをして欲しい等を自らの意図を持って心の中で唱えることで、体験をしやすくするのだ。

この一連の文言に「ガイドに会わせて欲しい」という意図を追加することで、自分のガイドと会える……かもよ、という。

ガイドというのは、私たちの成長を促し導いている非物質の存在のことで、だれでも複数のガイドがついているという。

ガイドは、私たちが意識するしないに関わらず私たちと人生をともに歩み、必要に応じてメッセージを伝えてきている。偶然の出会いがその後の人生を大きく変えてしまうということがあるが、これはガイドが導いていたりするらしい。人生を変えてしまうほどの大きなことでなくても、日々さまざまな場面でひらめき、虫の知らせ、直感のようなものでメッセージはやって来るという。たまたま寝坊していつもの電車に乗り遅れたために、事故に遭わずに済んだとか、その手の経験は誰しも一度や二度はあるだろう。

言ってしまえば人生なんてそんな出来事の連続で成り立っているわけで、それがガイドからのメッセージだなんて、意識していないほうが普通だと思う。

だが確かに、なにか目に見えない存在に守られているな、と感じることもたまにはある。それがガイドなんだと言われれば、なるほどそうなんですか、と納得しなくもない。

だったら、そのガイドとやらに会ってみたいものだ。そう思うのも人情というものだろう。やっとのこと、ちゃんと内容の分かる体験が出来るようになったばかりだというのに、ガイドに会えるかも、とか言われると俄然会ってみたくなる。ガイドは非物質の存在。非物質ということは物質ではないのか、ということは存在なのか非存在なのか、一体全体どんなものなんだろう。

ガイドの知覚のしかたは人によってさまざまのようだ。人間の姿をしている場合もあれば、光り輝く（神々しい）存在に感じられたり、天使のような姿をしていたり、あるいはなんとなくそこにいるという感覚だけで感じられることもあるようだ。

私のガイドはどんな姿をしているのだろう。

セミナーの翌日、さっそく自宅で試してみることにした。

軽トラって、マジかよ

言われたとおり、アファメーションに「ガイドに会わせて欲しい」という文言を追加し、フォーカス15に向かう。

何も見えない。ただ真っ暗闇が広がる空間を感じるだけだ。

本当にガイドはやってくるのだろうか、と半分疑いつつしばらく待っていると、なにやらイメージが見え始めた。

暗闇の奥から、ぼんやりと見えてきたのは一台の軽トラックである。

軽トラック？　なんで？

ガイドの登場を待っている私としては、ここで軽トラックの登場は理解できない。

運転席に一人の男の人が乗っている。男の人は運転席から顔を出し、身振りで助手席に乗れと言っているようである。

次の瞬間、私は軽トラックの助手席にいた。そして軽トラックはすでに走り始めている。

運転席の男を見る。

カーキ色の作業服を着ている。服装から想像するに、ガテン系の建設業従事者のようだ。

なぜガテン系のおっさんとドライブ？　それも軽トラックで。この人が私のガイドだったりして……まさか。

そう思いつつも、とりあえず会話をしてみることにする。

「もしかして、あなたは私のガイド……なんてことはないですよね」

「そうだ、お前のガイドだ」

言葉遣い、車の運転、服装、どれをとってもラフな感じである。お世辞にも上品ではない。

事前に聴いていたガイドのイメージ（神々しかったり、光り輝いていたり、はたまた天使っぽい格好をしているイメージ）との、あまりの乖離に愕然とする。

そうだ、名前を訊いてみよう。

「高橋だ」

一瞬わが耳を疑う。いまこの人、高橋って言った？

「そうだ高橋だ、悪いか」

悪くはないが、意外である。およそガイドらしからぬ風体で現れ（しかも軽トラックに乗って）ラフな言葉遣いで自分の名前は高橋だという。言われてみれば、高橋という名前はピッタリな気もしてくる。この格好で「俺の名前はアントニオだ」なんて言われたら、もっとずっこけていただろう。

「おまえと俺はこれからいろんなことを一緒にやっていくことになる。どうかよろしくたのむわ」

「こ、こちらこそ、よろしくお願いします」

これが私とガイドとの出会いである。

私のガイドはガテン系のおっさんで、名前は高橋という。

その姿といい、名前といい、私が事前に想像していたものとはまったくかけ離れていた。

それにしても、あの格好はなんだ。なぜガテン系？

後日、ふたたびフォーカス15を訪れ、ガイドの高橋さんに会う。

「くどいようですけど、本当に私のガイドなんですか？」

「そうだ。俺がガイドだと、なにか問題でもあんのか」

「いえいえ、そういうわけじゃないですが、どうしてそんな格好をしているのかな、と思って……」

「おまえがイメージしたからだろう」

そんな覚えはない。私の想定のどこにも「ガテン系のおっさん」はなかった。もしイメージしたとおりの格好でガイドが現れてくれるなら、ガテン系オヤジではなく、レースクィーンとかグラビアアイドルとか、ナース姿の若くて美しい女性がよかったぞ。

そんな私の思いを知ってか、高橋さんは私を見てニヤニヤ笑っている。

こういうところも、ガイドっぽくない。私のガイドのイメージがどんどん崩壊していく。

それでもせっかくガイドとコンタクトできているのだから、何か質問してみようと思う。

「高橋さん」

「ん？」

「高橋さんと今後もいろいろと交信したいと思っているのですが、どうすればうまく交信することが出来ますか」

「繰り返すことだな。今日うまく交信できなくても、明日はうまくいくかもしれないだろう。何度も繰り返すうちに得られる情報も増えていくと思うぞ」

ごもっとも。このガイド、格好はともかく言うことは全うである。

それならば是非とも訊いてみたいことがあった。常々思っていることなのだが、たいした人生の目標も持たず、ただグダグダと年齢をなんとなく重ねてきた私は「俺の人生このままでいいのか」という漠然とした不安が、心の片隅に種火のように巣くっていた。それに対し、高橋さんの答えは、

「良いもなにも、おまえが生まれる前に計画してきたとおりじゃねえか。そういう不安を抱くことも含めて、想定通り生きているぞ。ノープロブレムだ。これからも思ったとおりに生きればいい」

意外だった。こんなグダグダな生き方を計画していたなんて。だがよく考えてみれば、こうやっていい年こいてグダグダと生きているおかげで「人生このままで良いのか」などという青臭い疑問を持つようになったと言えるかもしれない。そういう意味ではこのグダグダ人生も必然だったということか。高橋さんの言うことが腑に落ちた。

その後しばらくは、高橋さんとのコンタクトはなかった。

毎日のようにヘミシンクCDを聴いてはいるが、なぜか高橋さんは出てこない。朧げな体験は相変わらず続いていたが、その中で数回、ガイドの声のようなものを聴いた気がした。しかしその声は私に上品に語りかけてきたり、威厳に満ちた声でメッセージを伝えてきたりした。これは高橋さんではない。

それ以外にも、薄ぼんやりとした雲のような形で現れたり、温水洋一のような姿で現れたりと、いろんなガイドらしき存在が私の目の前に現れたが、高橋さんのときのような「会話」になることはなかった。こちらから質問を投げかけても、答えがイメージで返ってきたり、なにも返ってこなかったり。

あっという間に一ヶ月が過ぎようとしていた。

ヘミシンクは朝がいい

そろそろ高橋さんに会いたいな、と思うようになった。

ガイドに会いたい、ではない。高橋さんに会いたいのだ。朧げながらも何人かのガイドらしき姿を知覚してきたが、なぜか高橋さんに会いたい。あの格好といい、言葉遣いといい、決して褒められた雰囲気ではないのだが、なぜか私にとって特別な存在のような気がしてならない。

ヘミシンクを始めて2ヶ月ほど経ったころ、私は朝早く起きて仕事に行く前の時間に聴くのが日課になっていた。ヘミシンクを聴いても、結構な割合で寝てしまう。期待に胸躍らせて聴き始めるが気付くとCDが終わっている。やっちまった、とほぞを噛む。なんとか寝ずにCDを最後まで聴くことは出来ないものか。

自分なりにいろいろと工夫をしてみた。夜、寝る前に聴く。これはほぼ間違いなくそのまま朝になる。行き帰りの通勤電車で聴く。車掌さんのアナウンスがうるさくて集中できない。喫茶店で聴く。隣の席のおばちゃんの会話に気が散って集中できない。休日の昼間に聴く。これはけっこう起きていられるが、私が求めているのは休日以外の日でも寝ずに聴けることだ。最後の手段、早起きして聴く。これは結構いける。ただし起きがけにすぐ聴き始めると、ふたたび夢の世界に逆戻りしてしまうことも分かった（いわゆる二度寝ってやつだ）。

まずはしっかりと目を覚ましてから聴く必要がある。散歩してから聴く、シャワーを浴びてから聴く、軽く体操をしてから聴く、コーヒーを飲んでから聴く。どれも効果ありだ。その日の気分で使い分ければいい。

というわけで、「朝へミ」が日課となった。

朝四時過ぎに目を覚まし、熱いコーヒーを淹れる。それを二口三口飲んで意識をはっきりさせてから、フォーカス15のセッションCDを聴き始めた。

このころの私は、フォーカス10からフォーカス21までのCDをひととおり聴いており、中でもフォーカス15がお気に入りだった。というのは、他のフォーカスレベルと比べ、フォーカス15では比較的体験がしやすいと感じていたからだ。（もちろんこれには個人差があるため、すべての人にとってフォーカス15が体験しやすいというわけではない）

フォーカス15に意識がシフトすると、高橋さんが待っていた。

例によって軽トラックに乗っている。運転席から顔をだし、こっち来いと手招きしている。

待ってました高橋さん、会いたかった、と思うが高橋さんはニコリともしない。

「で、どこ行きたいんだ」前置きもなく本題に入る。無愛想な人、いやガイドだ。

どこ行こう……あまり深く考えずにいたため答えに窮する。フォーカス15に来たのだから、過去世が見たい、そう告げると、高橋さんは面倒くさそうに軽トラックのアクセルを踏み込んだ。走り出した軽トラックの助手席から前方を見ていると、何やら昭和な雰囲気の風景が見えてきた。細い未舗装の路地である。裸電球の付いた木の電信柱やたばこ屋さんが見える。ここはどこだろう……と思っているうちにイメージが変化していく。

人がたくさん往来している大きな交差点。この風景、前にも見たなと思う。

いつの間にか高橋さんはいなくなっていた。そのままセッションCD終了。

高橋さんに会うことは出来たが、これといった会話もなく、さらにその後の体験も意味不明。何だったのだろう。消化不良な思いだけが残る。

翌日、リベンジとばかりに高橋さんに会いに行く。今日は高橋さんに会って、高橋さんと会話をしよう。それを目的にCDを聴き始めた。

フォーカス15に意識がシフトする。

何も見えない。ただモヤモヤとした暗闇だけが広がっている。

「高橋さん、いますか」と暗闇に声をかけてみる。

暗闇の中から人影が近付いてくる。高橋さんだ。今日は軽トラックには乗っていない。歩きで登場だ。

「なんだお前は自分の都合で呼び出しやがって。勝手なヤツだまったく」

いきなりぼやきから始まる。

別に怒っている風ではない。半分冗談めかして言っているのだ。その証拠に顔が少しにやついている。

この間も同じような質問をしたが、今回も「ガイドともっと上手に繋がるにはどうしたらいいの」と訊いてみた。答えもご多分に漏れず似たようなものが返ってきた。

「頻繁に俺に会いに来ること。それが一番だ」

「高橋さんに会うのは、ここ（フォーカス15）で良いんですか」

「ここ（フォーカス15）はお前が来やすいんだろう？　ならここで良い」

「え……ということは、ほかのフォーカスレベルでも会えるんですか」

「それはお前次第だな」

意味深な答え。私次第では他のフォーカスレベルでも会えると言うことだろうか。

いずれにしても、まだまだ練習不足ということなのだろう。

高橋さんと、まずはフォーカス15を頻繁に訪れる約束をした。

源さんバー

高橋さんと会いやすくするために、交信ポイントを作ることにした。交信ポイントとは、非物質界につくる想像上の場所のことである。

どんな場所にしよう、と思った瞬間、目の前にカウンターが出来上がっていた。オーセンティックで高級感たっぷりのカウンターに椅子が5〜6脚並んでいる。カウンターの向こう側には年配のバーテンが白い服を着てニコニコ笑っている。バーテンまでいるなんて、かなり本格的だな。バーテンさんの名前は、と思った瞬間、「源さん」という名前が浮かんできた。本当のところは定かではないが、このバーテンさんを「源さん」と呼ぶことにする。源さんもガイドなのかな、と思うが答えはなかった。

というわけで、高橋さんとの交信ポイント「源さんバー」が出来た。

これからフォーカス15を訪れるのが楽しみになった。

2人目のガイドは若くて綺麗な女性だった

数日後、源さんバーに行ってみると、すでに高橋さんが先に来て、なにやら飲んでいるではないか。高橋さんの手もとのグラスには、灰色でやや黄色みを帯びたドロリとしたものが入っている。見た目にはグロテスクな感じだが、高橋さんは美味しそうに飲んでいる。ちょっと興味があったが、その後すぐに過去世を探索しに行ってしまったため、高橋さんが飲んでいた得体の知れない飲み物がなんなのか聞きそびれてしまった。

セッションが終わったあと、飲み物のことがどうしても気になってしかたがない。かくなる上はと再びヘッドフォンを耳に当て、ベッドに横になる。源さんバーに行ってみると、お客さんは誰もいない。カウンター越しに源さんがニコニコしている。

カウンターに腰掛け、先ほど高橋さんが飲んでいた飲み物をください、と注文する。

「エナジードリンクですね、かしこまりました」

源さんによると、飲むことでエネルギーの流れが良くなるドリンクだそうだ。エナジードリンクに限らず、非物質界で出てくる食べ物や飲み物は、エネルギーを象徴しているものなので、それを飲み食いすることでエネルギー状態が良くなるのだという。

「どうぞ」

私の目の前に、先ほど高橋さんが美味そうに飲んでいた、どう見ても美味そうではない飲み物が置かれた。灰色でドロドロ。物質界で灰色と言えば、鉛やコンクリートなど、鉱物系のものを想像してしまう。人間は鉛を飲んだり、コンクリートをかじったりしない。

勇気を出して、一口飲んでみる……味が分からない、というより味がしない。

源さんは飲むことでエネルギーの流れがよくなると言うが、飲んでみたが違いが分からない。

なんだかな、と思いつつバーを出ると、軽トラックが近づいてくる。高橋さんだ。

私の前まで来て、軽トラックは停止した。

運転席に高橋さん、そして助手席に誰かが乗っている。小柄でスレンダーな若い女性のようだ。ショートヘアで目が大きく、なかなかの美人である。

誰だろう、高橋さんの彼女かな、まさかそれはないな。じゃあ奥さん？

いやいや、こんな若くて奇麗な女性が高橋さんの奥さんなんて許せない。じゃあ誰？

「おまえのガイドだよ、バカ」呆れた顔で高橋さんに言われる。

そうだよな、高橋さんの彼女や奥さんのわけないじゃん。

高橋さんは軽トラックに乗れと言う。軽トラックに大人３人は無理でしょう、と思うが乗ってみると普通に乗れてしまった。さすが非物質界。

「さ、どこ行きたい？」

「じゃあ、過去世に」

「ほいきた」軽トラックは走り出す。

新しい女性のガイドに名前を訊いてみると、「シンガ」とか「シンガス」と聞こえた気がしたが判然としない。そこで「シンガスさんで良いか」と訊ねると、良いという。

こうして2人目のガイド、シンガスさんが加わった。

念願の若い女性ガイドだ。レースクィーンやナース姿ではないけれど、それでもかなり嬉しい。これからの非物質界の探索が、ますます楽しみになった。

シンガスさんの登場で、私のヘミシンクは日に日に楽しさを増していくかと期待したが、そんなに甘くはなかった。体験そのものは一向に進展しない。この日もガイドふたりと過去世探索、というと聞こえは良いのだが、実際は草原のようなところが見えてきて……とその先はクリックアウト（クリックアウトとは、意識があることをずっと認識していたのだが、次の瞬間に、それまでのある時間、意識がなかったことを認識する体験のこと）
見えてきた草原が何なのか、答えを得ることができない。毎日のように聴いていても、体験らしい体験はほとんどなくクリックアウトを繰り返す。自分としてはどうにも満足できなかった。

大事なヒント

そんな日々を一週間ほど続けた後、源さんバーに行ってみると高橋さんとシンガスさんが2人そろって飲んでいた。

「よう、来たな。どうだい調子は」

「どうだいじゃないですよ。聴くたびにクリックアウトしているって、知っているじゃないですか。いろんな体験したいのに、なんでクリックアウトしちゃうのかな……」

「いいじゃないか。こうして俺たちには毎回会えているんだし。あせる必要はないと思うぞ」

カカカと笑いながら、この間も飲んでいた灰色の飲み物を美味しそうに飲んでいる。

シンガスさんは何も言わず、ただこちらを見ながら微笑んでいる。高橋さんと同意見、ということか。

ヘミシンクを聴き始めて3ヶ月弱。まだまだ経験が足りないのだろう。

ヘミシンク上達に王道なし。繰り返し聴くしかない、と理解するしかなかった。

このときのガイドとのやり取りで、実は大事なヒントを貰っていたことに気がついた。

「いいじゃないか、こうして俺たちには毎回会えているんだし」

そうなのだ。過去世が見たいとか、あれがしたい、これがしたいと自分で出した要望はうまく体験できなかったが、ガイドとは毎回確実に会うことが出来ていたのだ。ガイドに会うことが出来ている、これだってれっきとしたヘミシンク体験なのだ。

「いいじゃないか、こうして俺たちには毎回会えているんだし」

高橋さんのこのメッセージは、

「まずはガイドとじっくりコミュニケーションを図るところからやって行こうや」

という意味なのだと気がついた。

このときの気づきがあったから、今の私があるといっても過言ではない。このとき以降、現在に至るまで、私のヘミシンク体験は常にガイドと一緒だ。


ヘミシンクを始めて3ヶ月足らずで、私は2人のガイドと出会い、その後さまざまな、本当にさまざまな体験をともにしていくことになる。

そのすべてを読者の皆さんにお伝えしたいと思うが、さすがに半端ではない情報量になってしまうため、その中からいくつかをピックアップしてご紹介させていただきたいと思う。私のガイド、特に高橋さんは「変わった」ガイドである。ここまで読み進めてきていただいたあなたには、それは十分に伝わっているかと思う。この後、あと2人、ガイドが新たに加わるのだが、彼らを含めた4人のガイドたちに共通して言えることは、みなおよそガイドらしくない、ということだ。非物質界の存在でありながら、肉体を持った人間のようなリアリティを感じてしまう。ガイドというよりも友達といったほうが良いくらい、私にとって身近な存在である。

次の章からは、そんなガイドたちとの交流から得た学びをご紹介していきたいと思う。

コラム② ガイドと付き合う3つのポイント

私がヘミシンクを聴きながらガイドとコンタクトするようになって、いくつか気付いたことがある。ヘミシンクを聴き始めて、比較的早いタイミングからガイドとさまざまな体験が出来たのは、これらのポイントを無意識なりに押さえていたからのような気がする。

ポイント1　ガイドは身近な存在である。

本文にも書いているが、ガイドは特別すごい存在ではない。友達、家族、先輩みたいな身近な存在である。友達と接するように、家族と接するように、気軽に何でも相談してみると良いと思う。私たちの成長を促し導いてくれる非物質の存在なのだから、大いに導いてもらえば良いではないか。遠慮することはない。

ポイント2　ガイドと遊ぶ

メッセージをもらったりするだけでなく、ガイドといろんな事をして遊ぶと良い。

たとえば、ガイドと一緒に南国リゾートでスキューバダイビングをしてみるとか、ガイドと一緒に何億年も昔の地球を訪れ、恐竜がなぜ絶滅したのかを調べてみたり、ガイドと一緒にいくつものフォーカスレベルをハシゴしてみたり……思いつく限りのことをやってみる。そんな中で思いもよらない体験や学びがあるかもしれない。

ポイント3　いつでもガイドと一緒

ヘミシンクを聴いているときだけでなく、普段の生活の中でもガイドが常に一緒にいるということを意識すると良い。

何をするにもガイドがそばにいて、自分と行動を共にしている。

そう思うことで、今までは気付かなかったガイドからのメッセージに気付きやすくなってくる。ほんのちょっとしたシンクロニシティにも気付くようになる。

ガイドとコンタクト出来るのは非物質界だけではない。ガイドの存在を意識することで、物質界でもこんなにたくさんのメッセージをくれているんだということにきっと驚くことだろう。

そしてそれに気付いたら、ガイドの計らいに感謝するといい。

二章　信頼

ガイドとの共同作業

ガイドは友達

シンガスさんの登場以降、しばらくはシンガスさんと行動を共にすることが多くなった。

一週間後にフォーカス27体験コースが開催されるが、平日ど真ん中である。

前の週にフォーカス21探索コース（これも平日）に参加するため、会社を一日休んだばかりだったので、たて続けに会社を休むのは気が引ける。

このことをシンガスさんに訊いてみようと思う。

高橋さんとはフォーカス15に創った交信ポイントである「源さんバー」で会うのが恒例となっ

ていたが、シンガスさんとはなぜかフォーカス21で会うことが多かった。

フォーカス21というのは、こちらの世界（物質界）とあちらの世界（非物質界）の境界領域といわれる意識状態である。

フォーカス21に意識をシフトさせ、ブリッジカフェに行く。

ブリッジカフェとは、フォーカス21にあるカフェであり、多くのヘミシンク体験者にとってフォーカス21探索の拠点となっている場所である。

テーブル席に腰掛けていると、いつの間にか向かいにシンガスさんが来て座っている。

「あれ、いつ来たの？」

「さっきからいるよ、ずっと」

さっそく、シンガスさんにフォーカス27体験コース参加のために会社を休むべきかどうかを訊いてみると、

「あなたはどう思っているの？」と訊き返された。私は参加したい、と言うと、

「そう思っているのなら、その気持ちに素直に従うべきだと思うよ」

シンガスさんによれば、思いの方向がすべきことを指し示しているのだそうだ。

なるほどと思う。シンガスさんのアドバイスに従って、参加することにする。

「あと、もうひとつ、いいかな」

「なに？」

「シンガスさんのこと、友達だと思っていてもいいかな」

「もちろん。親友だと思って何でも相談して。私だけじゃないよ、高橋さんもそうだからね」

なにか心の辺りがホンワカと暖かくなった気がした。


その後も何度か、フォーカス21でシンガスさんと会話をする。おかげでシンガスさんとのコミュニケーションは非常にスムーズに出来るようになってきていた。

そしてその日もシンガスさんと会話をしようと、フォーカス21のブリッジカフェを目指す。カフェに着き、テラス席に座っていると、遠くから車の音が近づいてくるではないか。音のする方向を見ると、案の定、軽トラックである。高橋さんだ。

高橋さんは車を降りると、がに股でガシガシと私のほうに歩いてくる。

「よう、久しぶりじゃねえか」

「あれ、今日は高橋さんですか」

「なんだなんだ、俺じゃ不満か。悪かったな俺で。シンガスのほうが良かったか」

この人（人じゃなくてガイドだが）、私がシンガスさんとばかり会っているので焼きもち妬いているのかな。

「でも、ここはフォーカス21ですよ。高橋さんとはいつもフォーカス15で会っていたから、ここで会えるなんて思いませんでした」

「だから前に言った筈だぞ、ほかの場所で会えるかどうかはおまえ次第だって」

そう言えばそんなことを言われたような気がする。

高橋さんとフォーカス15だけではなく、フォーカス21でも会えたということは、私の知覚力が少しは向上しているということだろうか。

ヘミシンク体験って、自分の勝手な想像なんじゃないの？

ヘミシンクを聴き始めて、さまざまな体験をするようになったが、終始一貫してある疑問が私の中に種火のごとく燻り続けていた。それは「自分で見ている、感じている、体験していると思っているものは、実は体験なんかではなく、自分の勝手な想像の産物ではないのか」というものだ。

これはヘミシンクを聴き始めた方の多くが感じる根本的な疑問ではないだろうか。ご多分に漏れず、私もこの疑問に蝕まれていたのだ。

体験の中には、自分では想像できるはずのないイメージを見たりすることもあるが、それでも心のどこかで「やっぱり自分の想像ではないのか」と思ってしまう。

これについて、ガイドに訊いてみようと思い立った。

フォーカス21、ブリッジカフェを訪れると、白いテーブルにシンガスさんが座っていた。早速、疑問をぶつけてみる。

「シンガスさん、前から訊きたいと思っていたことなんだけど」

「なんでも訊いて。なになに？」

「ヘミシンクの体験についてなんだけど、これって自分の勝手な想像じゃないかって思うときがあるんだけど……」

「なんだ、そんなこと？」

「そんなことって、けっこう深刻なんですけど」

「じゃあ訊くけど、その勝手な想像の源はどこにあると思う？」

「………」

「あなたの想像の源はこちらにあるの。こちらが何も発信しなければ、なにも想像できないはずだよ。ここは非物質の世界だから、こちらの発信した情報があなたの脳を通して形になるの。

想像は創造って、習ったでしょう」

なるほど……言われてみれば納得である。

私が勝手な想像だと思っているものでさえ、非物質界から発信された情報があって初めて形になるということか。

結構すっきりした。常々疑問に思っていたことに、ようやく納得できる答えが見つかった、そんな思いだった。


ヘミシンクのセミナーに参加すると、積極的に想像することが大切だ、と繰り返しレクチャーされる。始めは想像で良い。想像結構。どんどん想像しましょう。その想像が呼び水となって、非物質界の知覚のスイッチがオンになるんです。気がつくと想像し得ない体験が始まっているということもよくあります。トレーナーは繰り返しそう言う。

その説明を聞きながら、なるほどと思う。

そしてその後、でも待てよ、と思う。

どんどん想像するのは良いとして、どこまでが想像でどこからが実際の体験なんだろう。

想像と実際の体験の違いはなんだろう。

ここのところが理解しきれていないせいで、ヘミシンク体験のすべてが想像の産物なのではないか、と思えてしまうのだった。

シンガスさんは、最初の想像からすでに非物質界からの手助けが始まっているのだという。勝手な想像を始めたときには、もう非物質界との交信が始まっていたのだ。

シンガスさんのおかげで、想像は創造という言葉の意味がはっきりと理解できた。

いよいよ死後世界の探索だ

いよいよフォーカス27体験コースの日がやってきた。

このコースでは、死後の世界を中心に体験していく。

人は死後、どうなるのか、死んだ後どんな体験をするのか。

これが知りたくてヘミシンクを始めたといっても過言ではない。いよいよそれを体験できるコースが始まろうとしている。家を出て会場に向かう道すがら、なんだか無性にワクワクしている自分に気付く。いい年こいて、まるで小学生の遠足みたいな気分だな、とか思うと自然と笑いがこみ上げてくる。

このコースでは、中継点と言われるフォーカス27を探索する。

フォーカス27には、人が死に、死を受け入れ、次の生へと旅立っていくまでをサポートするさまざまな施設がある。非常に多岐にわたる施設が存在するため、2日間のコースではそのすべてを見て回るのは困難である。これらの施設をより深く探索したい方にはモンロー研究所の宿泊型プログラム「エクスプロレーション27」があるので、そちらの受講を勧められる。

だが、モンロー研究所のプログラムは、入門コースである「ゲートウェイ・ヴォエッジ」から順番に受けていく必要がある（それがルールである）ため、勧めてもらった「エクスプロレーション27」に参加するためには「ゲートウェイ・ヴォエッジ」「ライフライン」という2つのプログラムを事前に受ける必要がある。

受けてみたいとは思うが、まとまった休みが取得しにくいサラリーマンの私にとって、はい分かりました、受けます、と簡単には行かないのが現実だ。まずは通いで受けられるセミナーを繰り返すしかなさそうだ。

話を戻すと、このコースではフォーカス27の探索以外にもうひとつ、大きな目玉が存在する。それがレトリーバルである。

レトリーバルとは、死後何らかの理由でスムーズにフォーカス27に行けず、別の状態で囚われてしまった人を、ガイドやヘルパーと呼ばれる高次の存在とともに協力しながらフォーカス

27に連れて来る活動をいう。囚われの状態から救出することから、レトリーバルのことを「救出活動」ともいう。フォーカス27に来てはじめて、人は次のステップへと進むことが出来る。途中で囚われている存在は、自分で囚われていることに気付くか、レトリーバルされるまでは永遠にその場所に囚われたままなのだそうだ。

ここでひとつの疑問が浮かんでくる。

囚われている存在の救出なら、ヘルパーだけで十分ではないのか？　だって高次の存在なのだから、そのくらいは朝飯前ではないのか。何故に私たちのような人間が共同で参加しなければいけないのだろう。

トレーナーによると、囚われている人たちは多くの場合、自分が死んでいることに気付いていなかったり、この世に対する根強い未練があったりするため、意識がこちらの世界（物質界）に向いているのだという。

そうすると、あちらの存在であるヘルパーたちを認識できないため、ヘルパーがいくら救出したくてもうまくいかないのだそうだ。

そこで登場するのが私たちだ。私たちはこちらの世界の存在であるため、囚われている人たちには知覚しやすいのだそうである。

まず私たちが行き、囚われている人たちの意識をこちらに向けさせる。そしてヘルパーやガイドと協力してフォーカス27に連れて来る。

なるほどと思う。

囚われている人たちの意識がこちらの世界に向いているために、ヘルパーだけではうまく救出できない、だから囚われている人たちの意識の向いている世界と繋がっている私たちが一緒に行くことで救出が出来る、ということか。


レトリーバルに先がけて、まずは活動の拠点となる自分だけの場所をフォーカス27に創る。レトリーバルの際、まずここに立ち寄り、それから救出に向かう。そして救出活動の後、再びここに戻ってきてリラックスする。これをスペシャルプレイスと呼ぶ。

どんなものでも良いので、自分でリラックスできる空間を創造する。

私は南の島が好きなので、南国のリゾート地にある水上コテージ風の建物をイメージした。ベランダに出ると、そこにはジャグジーがあって、その横にはリクライニングチェアが置いてある。さらにその横には円いテーブルと椅子が数脚。テーブルには、いくら食べてもなくならないフルーツバスケット。すばらしい。

目の前にはエメラルドグリーンのラグーンがどこまでも拡がっている……

これで私のフォーカス27における活動拠点、スペシャルプレイスが完成した。

次のセッションから、いよいよレトリーバルだ。

はじめてのレトリーバル（救出活動）

ヘミシンク音とナレーションに導かれ、フォーカス27に到着。まずは自分のスペシャルプレイスに立ち寄る。ベランダに行くと、シンガスさんがいる。シンガスさんに「レトリーバルがしたいので手助けして欲しい」と申し入れると、イメージがぼやけ始める。

スペシャルプレイスのベランダにいたはずなのに、気付くと何もない空間に浮いている。シンガスさんによると、ここはフォーカス23とのこと。

死んだ人が何らかの理由（この世に対する未練だったり、執着だったり）で囚われてしまい、輪廻の中継点であるフォーカス27に行けずにいる状態である。

もっとおどろおどろしい雰囲気の場所かと思っていたが、来てみるとひたすらグレーな空間がモヤモヤと拡がっているだけである。

徐々に人影のようなものが見え始める……着物を着た老人のようである。遠い目をして腕を組んで立っている。

「なにをしているんですか」

「孫を待っている」なんとなく無愛想で取っつきにくい雰囲気の老人だ。

会話したわけではないが、いくつかの情報が私の頭に直接届く。ここは茨城県（のどこかまでは分からない）で、時代は昭和44年。

どうやらこの老人は、昭和44年からずっとここでお孫さんを待っているらしい。

突然死んだため（死因は分からない）自分が死んでしまったことに気付いていないのだろう。かわいい孫の帰りを延々とここで待ち続けているのだ。

この老人が今回のレトリーバル対象？

どうやってこの老人をフォーカス27に連れて行けばいいのだろうか。

咄嗟に思いついたのが、

「おじいさん、お孫さんは今日ここに来ることが出来ないんです。それを伝えるよう言われてやってきました。お孫さんのいる場所までご案内しますので一緒に来ていただけますか」

という、口から出まかせだった。

ところが老人は、抵抗することも疑うこともせず、私と一緒に行くことを承諾した。

私は老人を抱え込むようにして、ぴょんと軽くジャンプした。

私と老人はフワリと浮かび上がり、そのままどんどん上空へと上がっていく。

「なんだ、お前さん飛べるのか」びっくりしている。

やがてフォーカス27に到着。てっきりお孫さんが迎えに来ていると思っていたが、来ていたのは小柄の老婆だった。この老人の伴侶だろうか。

老人は私を顧みることもなく、老婆と一緒に歩き去ってしまった。

え、これでおしまい？

横を見ると、シンガスさんがにっこりと笑っている。

どうやらこれで良いらしい。レトリーバル成功だそうだ。要は何でもいいから囚われている人をフォーカス27まで連れてくること。それがレトリーバル。

あっけないほど簡単に出来てしまったため、若干拍子抜けするが、

「まだ少し時間があるから、もう一回やる？」とシンガスさんが誘ってくる。

やるやる、やりますとも。

というわけで、シンガスさんと再びフォーカス23へ。

どこかの裏通り、その片隅にスナックが見える。なんとなく薄暗く陰気である。

店の中を覗くと、客は誰もいない。この店のママらしき女がひとり、カウンターに寄りかかっている。近づいてみると、なにやらブツブツと独り言のようにつぶやいている。

何を喋っているのだろう、と意識を向けると、

「娘がいる、働かないと娘と生活していけない……」

きっとこの女性も何らかの理由で、この店で亡くなったのだろう。仕事中だったのだろうか、そこまではイメージできない。

フォーカス27に連れて行くために、

「娘さんが待っていますから一緒に行きましょう」と話しかけてみるが無視された。

さっきの老人ほど簡単にはいきそうにない。

さてどうしようか。なんて言えば一緒に来てくれるだろう。

「娘さんが急病です。一緒に来てください」と言ってみる。

女性はびっくりしたようにこちらを向き、急いで店を閉めるから待ってて、と言って店を閉めはじめた。女性の準備が出来たので、私と女性は店の外に出た。

目の前にタクシーが止まっている。

タクシーに乗り込み、運転手さんに「フォーカス27まで」と言う。

運転手さんは振り返り、「かしこまりました」と言って車を発進させた。

なんとこの運転手、シンガスさんではないか！

私と女性とシンガスさんの乗ったタクシーは、そのままフォーカス27まで走っていき、無事

レトリーバル成功。

自分のスペシャルプレイスに戻り、ジャグジーでリラックスする。

今回のセッションで行なった2回のレトリーバルについて整理してみる。

フォーカス27に連れて行く際のアイデアがすぐに浮かんできたりするのは、きっとガイドやヘルパーがお膳立てをしてくれているのだろう。2回目のレトリーバルなんて、タクシーの運転手はシンガスさんだったし。レトリーバルはガイドとの共同作業だということが実感できたことが今回のセッションでの大きな成果と言えるだろう。

大勢の人を一気に救出するには

もうひとつ、レトリーバルの体験をシェアさせていただきたい。

例によって、シンガスさんとフォーカス23へ。

広い道路が見えてくる。片側五車線はありそうな高速道路。アメリカだろうか。

たくさんの自動車が玉突き事故を起こしたようである。その数は正確には把握できないが、数十台規模と思われる。多くの車が折り重なるようになっている。

ぶつかった車の周辺には何人もの人が呆然と佇んでいる。きっとこの事故で亡くなった人たちだろう。

さて、誰を助けよう……

その時、セッションが始まる前にトレーナーが言っていたことを思い出した。

多くの人を一度に救出するときには、見えているイメージをハサミで切り取って、それをそのままフォーカス27に持っていけばいい。

さっそく試してみようと思う。

事故現場をひとつの映像であるとイメージし、そのイメージそのものをハサミでジョキジョキと切り取る。そしてそれを筒状に丸めてカプセルに突っ込み、側面にマジックで「27」と書いてエアシューターに入れた。

シューという音とともにカプセルは勢いよくパイプの中に吸い込まれていった。

その後、自分のスペシャルプレイスに戻り、ひと休み。

シンガスさんがやって来たので、

「さっき、救出した人たちをエアシューターで飛ばしちゃったけど、良かったのかな」

「あれはナイスアイデアだったね。ぜんぜん問題なし。よくできました」

面白いと思った。本当になんでもアリなんだ。

5年後のことをガイドに訊く

というわけで、フォーカス27体験コースでレトリーバルの面白さを知った私は、この後しばらくの間、レトリーバルばかりやるようになった。

やり方はセミナーで教わったとおり、フォーカス27の自分のスペシャルプレイスに行く。そこでガイド（シンガスさん）に会い、一緒にフォーカス23に行く。そしてレトリーバルを開始する。

毎回レトリーバルの対象はさまざまだ。病気をこじらせて部屋で孤独死した青年だったり、戦死したことに気付いていない第二次大戦中のドイツ軍兵士だったり、なかにはイースター島のモアイ像が倒れてきて下敷きになって死んだ島の若者だったりと、よくもまあこんなにバリエーションがあるものだと感心してしまう。

セッション中、レトリーバルをせずにシンガスさんとずっと会話していることもある。

そんな会話からも、さまざまな気づきがあるのだ。

ある日、フォーカス27にある自分のスペシャルプレイスでジャグジーに浸かりながらシンガスさんと会話していたときのことである。私は何気なく、

「5年後は何をしているのかな……」とつぶやいていた。

「自分の本当の目的を見つけて、そっちに向かって進んでいるよ」

これは聞き捨てならない。

「本当の目的って?」と訊くが、シンガスさんは、

「なんでしょうねぇ……」と言ってニヤニヤするばかり。

答えを知っているようではあるが、教えてくれそうにない。それは人に訊くのではなく自分で探しなさい、ということなのだろうか。

日を変えて、さらにしつこく訊いてみた。

「シンガスさん、私の今回の人生の目的って、いったい何なの?」

「伝えること、かな」

「伝えるって、何を?」

「分かっているでしょう?」

そう言われても、なんのことやらさっぱりである。

私が他の人々に伝えることが出来ることって……非物質界のことかな。

シンガスさんは笑っている。正解なのだろうか。

「どうやって？」

「あなたの思いつく方法で」

思いつく方法って……ブログで体験をシェアするとか、本を書くとか……

私はヘミシンクを始めたときから、自身の体験記録をブログに公開し続けてきている。

これは自分の体験のメモ代わりという意味もあるが、やはり大きいのは体験を公開し、興味のある方々にシェアすることで、すこしでも同じ目的を持ってヘミシンクを聴いている方のお役に立ちたいと思ったからだ。そういう意味では無意識に行動していたと言うことだろうか。

「そうそう。でもそれ以上に大切なのは直接伝えること」

シンガスさんの言っていることは理解できるが、このときの私にとって「直接伝える」ということがどうしても自分ごとに感じられなかった。

自分が非物質界の存在や、それについて知りえた情報を他の人に伝えていく。私自身ヘミシンクを始めて数ヶ月で、まだまだ知りたいことだらけだというのに、そんな私が誰に何を伝えればいいのか。第一どうやって？

そのとき、私の意識の片隅に「トレーナーになるのかな」という疑問符付きのフレーズが浮かんだような気がした。まさかそれはないな、ということで速攻却下。

だがそれから3年後、私はヘミシンクのトレーナーになっていた。シンガスさんと交わした会話に出てきた「5年後どうなっているか」の結果の一部は、3年で現実のものになっていたのだ。

とはいうものの、それはあくまで結果であって、このときの私には「トレーナーになる」なんてことは完全に想定外だった。

自分の進むべき本当の目的に向かって進んでいる。

本当の目的……

このメッセージの意味が気になってしかたがない。

そこで、さらにしつこくガイドに訊いてみる。

「本当に進むべき道に進めるのかな、間違った道を行ったりすることはないのかな」

「だいじょうぶ。ちゃんと進んでいけるから」

ちゃんと進んでいけるんだ……そんな気はまったくしないが、これでもちゃんと進めているらしい。実感がない分、不安がどうしても大きくなる。

「だいじょうぶ。心配いらないよ。思ったとおりに進んでいけば良いだけだから。今までだって何一つ間違った選択はしていないよ。自分を信じて、楽しんで前進すればいいだけ。だいじょうぶだからね」

シンガスさんのメッセージに「だいじょうぶ」というフレーズの何と多いことか。

思い悩むより、信じた方向に突き進めということなのだろう。

ひたすら励まされた感じである。シンガスさんに感謝。ガイドって、本当にありがたい。


それから数日後、フォーカス21にあるブリッジカフェに行ってみると、久々に高橋さんがやってきた。

がに股でガシガシ歩いてきて、開口一番、

「おまえ、最近シンガスとばっかり遊んでて、俺とはさっぱりじゃねぇか！」

思わず笑いそうになる。この人、焼きもち妬いているんだ……

ガイドが焼きもちを妬くなんて、聞いたことない。どこまでも人間臭い。

「そう言えばおまえ、スペシャルプレイス作ったんだろ、案内しろよ」

そうか、まだ高橋さんをスペシャルプレイスに連れていってなかったな。じゃあ行こうか、ということで高橋さんをフォーカス27にある私のスペシャルプレイスに案内する。

高橋さんはベランダに出て「いいじゃねえか、こりゃ快適だな」と言って満足そうにしている。しばらく高橋さんと、ベランダのビーチチェアに寝そべってリラックスする。

「どうだ、レトリーバルでも行くか」

高橋さんのほうからレトリーバルを誘ってくる。最近私がシンガスさんとばかりレトリーバルしているので、なんとか挽回しようとしているのが見え見えである。

じゃあ行きますか、と言うと、高橋さんは嬉しそうにビーチチェアから立ち上がる。まるで子供だな、と思いつつ一緒にレトリーバルに向かった。

こんな調子で、高橋さんとも頻繁にレトリーバルをするようになった。

ここで高橋さんとのレトリーバルを、いくつかご紹介したいと思う。

拒食症の女性

フォーカス21のブリッジカフェに行くと、二階のテラス席に高橋さん発見。

「よう、来たな。じゃ行くか」と席を立つ。

どこに行くのだろう、と思っていると、

「どこって、そりゃお前、お前のスペシャルプレイスに決まってるだろ」

さもそれが当たり前のような顔で言う。そしてふたりでフォーカス27にある私のスペシャルプレイスに行き、ベランダでリラックス。少しすると、

「そろそろ行くか」

「え、どこ行くんですか」

「どこって、レトリーバルだよ。おまえ、行きたいんだろ」

ということで出発。

何も見えない、何も聞こえない、何も感じない。

とりあえず、誰かいるものと仮定して、心の中で「誰かいますか」と呼びかけてみる。

灰色のモヤモヤとした空間の中に、何となく誰かいる気配を感じる。ものすごく痩せた若い女性が見えてくる。一瞬にしていくつかの情報が入ってきた。

どうやらこの女性、拒食症で死んだらしい。友人だか好きな人だかに体型のことでからかわれ、それがショックで拒食症になってしまった。人から笑われるのが怖くて食べられない。そう言って悲しそうな顔をする。本当は食べることが大好きなのに。

身につまされる話である。私も食べることが大好きなので、「食べられない」ということがどれほど辛いか、自分ごとのように感じてしまう。私が唯一この女性と異なる点は、体型をか

らかわれても気にしないことである。

さあ、なんと言って救出しよう……そうだ。

「ねえねえ、知っていますか。この建物の最上階にいくら食べても絶対に太らない料理を出すレストランが出来たんですよ」

女性は興味を示したが、半信半疑である。そんな話、あるわけがないと思っている。

「しかも、メチャメチャ美味しいらしいですよ～」

気になる、が、そんな話あるわけないと言って信じようとしない。

「出す料理すべてがこの世のものとは思えないほど美味しいって評判です」

さらに気になる。が、まだ信じられない。

「いいじゃないですか、行くだけ行ってみて、それでも信じられなければここに戻ってくれば」

ここまで言って、ようやく納得したようである。

「そうよね、あなたの言うことがうそなら戻ってくればいいのよね」

女性と一緒にエレベーターに乗り込み最上階のボタンを押すと、エレベーターは上昇を始めた。ちなみに、最上階のボタンには「F27」と書いてある。

ほどなく、エレベーターはフォーカス27に到着する。ドアが開くとそこはレストランの入り口になっている。

中華料理のレストランのようである。ウェイターがやってきて、

「お待ちしておりました。どうぞこちらへ」と言って女性を奥の席に案内する。

丸いテーブルに数人の老人が座っている。みな一様ににこやかで、女性を歓迎しているのがわかる。

「おまえが来るのをずっと待っていたよ。さあ、始めよう……」

老人に促され、女性は席に着く。目の前には豪華な中華料理が所狭しと並んでいる。

ウェイターが私の脇腹を突っつく。よく見ると、ウェイターは高橋さんだ。

「ほら、行くぞ」

と言うことでレトリーバル完了。

高橋さんとスペシャルプレイスに戻り、ビーチチェアでリラックス。

バス事故現場にしゃがむ男

フォーカス23に行くと、いつものようにグレーのイメージが見えてくる。何もないモヤモヤ

としたイメージがだんだんと変化していく。

観光バスが崖から転落した現場のようである。

急カーブのところを曲がりきれず、崖下に転落し横倒しになったバスがひしゃげて見える。

上の道路、ちょうどバスが曲がりきれずに飛び出したところにひとりの男がしゃがんで呆然と崖の下（バスのほう）を見ている。

どうやらこのバスに乗っていて事故に遭い、転落して死んだらしい。

近寄って話しかけてみる。どうしたのか尋ねてみると、

「バスが崖の下に落ちちゃって。ぼくは偶然バスが落ちていく前に外に投げ出されて助かったようです……中に妻と子供がいるんです。早く助けないと死んでしまう。早く助けないと……」

男は自分が死んだことに気付いていないようである。バスに一緒に乗っていた奥さんと子供を助けたいが、どうして良いか判らない。

誰かが通りかかったら助けを求めようと思うが、誰も通りかからない。

どうしようもなくて此所にしゃがみ込んで途方に暮れている……みたいな印象が伝わってくる。

周りを見回すが、この男以外に誰も見あたらない。他の犠牲者たちはレトリーバルされたか

自力で此所を抜け出したかしたのだろう。

この男が最後の一人？

男は私を怪訝な顔で見つめる。何故私が此所にいるのか、何故自分に声をかけてきたのか。いままでは誰ひとり、通りかかることすらなかったというのに……

「あなたは？」

「私はたまたま通りかかった者です。一緒に助けを呼びに行きましょう」

そう言って後ろを振り返ると、そこには真っ赤なスポーツカーが駐まっている。

男を助手席に乗せ、走り出す。

走りながら、男の名前を聞くと、カタ……なんとか、……よく聞き取れない。

そのまま走り続け、着いたのは男の自宅（と言っても、フォーカス27の受け入れ施設が男の自宅のイメージで存在しているのだが）

男はびっくりしている。

「な、なんで自宅に？　妻と子供を助けないと！　助けを呼びに行かないと！　なのにあなたはなんでぼくを自宅に連れて来たんです？」

「奥さんとお子さんは先に助け出されていますよ。もうご自宅に戻っているのであなたも自宅にお連れしたんです」

「そんな筈はない！　ずっと私はあそこにいたんだから。妻と子供が先に助け出されるはずがない！」

「嘘じゃありませんよ。嘘だとお思いなら、家の中をのぞいてご覧なさい」

「そんな筈はない！　妻と子供はバスの中だ！　早く助けを呼ばないと！」

頑として信じようとしない。

「嘘じゃないですって。試しにほら、玄関を入ってみれば判りますから。もしそこに奥さんとお子さんがいなければ、一緒に助けを呼びに行きましょう。試すぐらい、いいでしょう？」

漸く男は渋々ながら玄関のドアを開ける。

ドアの向こうに、男の妻と子供がいるのが見える。

「あれ！　お前たち、どうして此所にいるんだ。バスの中じゃないのか？」

「別の人が助けてくれたのよ。もう随分前にね。あなたがいつ戻ってくるかと、ずっと待ってたんですよ」

奥さんたちの後ろにもう一人、別の人物がいる。男の父親のようである。

「あれ、父さん！　なんで？　父さん死んだんじゃなかったっけ？」

そこに既に死んだはずの父親がいるのを見て、男は戸惑っている。

「良いじゃないかそんなこと。こうしてまた会えたんだし。さ、中にお入り」

男は家族に連れられ家の中に姿を消していく。

高橋さんが声をかけてくる。

「ああやって父親がいるのを見ることで、男は自分が死んだことに気づき始めるんだよ。ヘルパーたちは少しずつ、彼が死んだことを理解させていくんだ」

なるほど。

「さあ、戻るぞ」

高橋さんと私はフォーカス27にあるスペシャルプレイスに戻り、ベランダのジャグジーに浸かりリラックスした。

「おまえ、今日は頑張ったじゃねえか。あの男、もう少しでパニクって事故現場に戻っちまうところだったぜ。おまえが頑として家に入るよう説得したんでレトリーバル出来たけどよ」

確かに、男の自宅前で私が説得を躊躇したら、高橋さんの言うとおり、男は事故現場に舞い戻っていただろう。

そう思うと、ちょっとひやひやもんだったな、と思う。


こんな具合で、ほぼ2ヶ月間は毎日のようにレトリーバルばかりしていた。もちろん、レトリーバルしようとしてヘミシンクCDを聴き始めるが、そのまま寝てしまう日も結構あった。

それはそれで「あ、やっちまった……」とは思うが、また聴けばいいや、と頭を切り替えて再び聴く。

とにかくレトリーバルが楽しくてしかたがなかったのだ。

3人目のガイドはお転婆娘？

そんなある日、フォーカス21のブリッジカフェに行くと、シンガスさんがやってきた。

「今日は友達を連れてきたよ」

シンガスさんの後ろから、小柄で華奢な女の子が姿を現す。高校生くらいだろうか、長い髪の毛をポニーテールにしている。ジーンズを穿き、白いTシャツを着ている。

見るからに元気の良さそうな（悪く言えばお転婆そうな）女の子である。芸能人で言うと、ベッキーにどことなく似ている……かな。

名前を訊くと「ユカリ」とか「ユーカリ」とか言っている。ここは私の独断でユーカリさんと呼ぶことにする。

「ユーカリさんも、私のガイド？」と訊くと、そうだと言う。３人目のガイドということか。

「ねえねえ、あなたのスペシャルプレイス、すごく良いんですって？」

連れて行け、というので３人でフォーカス27にある私のスペシャルプレイスに移動し、ビーチチェアに寝そべってリラックスする。

初対面なので、ユーカリさんにいろいろと質問してみたいと思ったのだが、意識が怪しくなりそのままクリックアウトしてしまった。新しいガイドなので、まだうまくコミュニケーション出来ないのかもしれない。これから頻繁に会うことになるのだろうから、慌てずじっくりとやっていこうと思う。


翌日、ユーカリさんとレトリーバル。

まずはフォーカス27のスペシャルプレイスでリラックスしてからレトリーバルに向かう。スペシャルプレイスから海に出ると、そこには水上バイクが浮いている。

これに乗り、ユーカリさんと沖に出てみることにする。

水上バイクのスピードを上げ、どんどん沖に出る。スピードメーターを見ると、なんとフォーカスレベルが書いてあるではないか。水飛沫をあげ海の上を滑走していくと、メーターの針が動き出す。26、25、24……23。

バイクを止めると、四方八方が海である。周りには何もない大海原のど真ん中。もう少し、この付近を走ってみることにする。水面を滑るように移動する水上バイクの乗り心地を楽しみながらしばらく走り回っていると、小さな舟が見えてきた。

近づいてみると、木で出来た小さな舟である。動力装置もついていない、というより動力装置などない時代かもしれない。

褐色の肌をした男が舟上から投網をしている。どこか南国の人のようだ。名前を訊いてみると「ハン」とか「ファン」という風に聞こえたが、正確なところは分からない。

ここがどこなのか、場所を訊くが、「我々の島の沖」という、何の参考にもならない答えが返ってきた。確かに間違ってはいないのだろうが、こっちとしてはその「我々の島」がどこにあるのか知りたかったのだ。

もう一度、質問を変えてみる。ここがどこの国で、今はいつ（年代）なのか。

男はちんぷんかんぷんな顔をする。国とか年代という概念がないのか。だがそんなことってあるのだろうか。しかたがないので次の質問をしてみる。なぜ死んだのか。

何となく胸のあたりに鈍い痛みのようなものを感じる。沖に出て投網をしている最中に心臓発作でも起こしたか。正確には分からないが、男は死んだことに気付いていない様子である。

男には家族がいて、その家族のために毎日こうして漁に出るのだという。

「息子がこの青い魚が大好きなんだ」

男は、引き上げた網にかかった真っ青な魚を指さして言う。

「この先に、その青い魚がたくさん捕れる場所を知っているので行きませんか」

「本当か、それは是非行ってみたい」

私は男を水上バイクの後ろに乗せ、一緒に走り出した。そのままどんどんスピードを上げていくと、メーターが動き始める。24、25、26……27。

スペシャルプレイスが見えてくる。そのまま水上バイクを横付けにすると、男は、「あれ、青い魚を捕りに行くんじゃないのか、ここはどこだ」と少し慌てている。

その時、ひとりの老人が近づいてきた。それを見た男は「村長」と叫んでいる。

男は村長と呼ばれた老人と再会を喜びあっている。

「大丈夫、後は任せて」

村長が私に向かいウィンクしながらそう言う。

え、なんで村長が私にウィンク？ と思いよく見ると、ユーカリさんではないか。ユーカリさんが村長の姿になっていたのだ。

非物質界の存在は手を変え品を変え、そして姿を変え、さまざまな方法で囚われている人たちを救出するんだな、と感心する。

こうして3人目のガイド、ユーカリさんを加え、私のレトリーバル三昧な日々はまだまだ続く。そのすべてをご紹介することは出来ないが、ガイドが増えれば増えたで、今までとは違ったバリエーションのレトリーバルが出来るようになっていく。

そんな中、ガイド3人と協力してレトリーバルを行なった例をひとつご紹介したいと思う。

教会まるごと救出かよ！

これまでは、何らかの理由で意識が囚われてしまい、輪廻の中継点であるフォーカス27に行くことが出来なくなった人たちを救出してきた。

彼らはたいがいの場合、自分が死んだことにも気付かずにフォーカス23にひとりで囚われている。そんな彼らを、あの手この手、口八丁手八丁、あらゆる手段を講じてフォーカス27に連れて行く。

だが、囚われている意識は、なにもフォーカス23にだけいるわけではない。

フォーカス24からフォーカス26にも、多くの意識が囚われている。この意識状態は信念体系領域と呼ばれる。ここには生前の想いや信念、価値観が具現化した世界がいくつも存在している。たとえば、世の中カネがすべてだと思い込んでいる人たちが集まって、お互いのカネを騙し取りあっている世界。セックスに取り憑かれた人たちが集まって、延々と快楽にふけっている世界。戦国武将たちが集まって、戦いを繰り返す世界。夜になっても帰ろうとせず、終電がなくなっても仕事をし続けるサラリーマンが集まっているオフィスなど。

そして、非物質界では「類は友を呼ぶ」という原理が働くため、同じような考え、想い、感情を持った人たち（意識）が引きあい集まってくる。それによりこれらの世界はますます強固なものとなっていくのだ。彼らはそこが死後世界だとは思っていない。現実世界だと信じ込んでいる。

このため、フォーカス23での救出活動と違い、フォーカス24～26での救出活動は簡単ではない、とよく言われる。そう言われると、やってみたくなるのが私である。

ダメ元でやってみよう、うまくいかなくてもその時はその時だ。

そんな軽いノリで高橋さんに「フォーカス25あたりでレトリーバルしてみたい」とお願いしてみた。

高橋さんは、

「やってみるか、お前もチャレンジャーだな」と言って笑っている。

高橋さんが「行くぞ」と言うので後をついていくと、なんとシンガスさんとユーカリさんもいるではないか。３人のガイドが揃って一緒にレトリーバルに行くのは始めての経験である。何が起きるのか、ちょっとワクワクする。

建物がたくさん倒壊した場所が見えてくる。ものすごい数の人が命を落としているようである。

大災害が起きた現場……ヨーロッパのどこかのようだが判然としない。

目の前に大きな教会（あるいは寺院？）があり、その中で大勢の人が集まって祈りを捧げている。

生前の信仰から、死ぬと神のもとに召されると信じている人たちが、自分たちが死んだことにも気付かず神に祈りを捧げている。

この人たちをどうやってフォーカス27へ連れて行けばいいのだろう。彼らを説得したり、なにかを説明したりしても無理そうである。ではどうすればいいのだろう。

方法が思い浮かばない。

すると、３人のガイドたちはその建物に近づき、それぞれが建物の四隅を持ち上げ始めた。

呆気にとられている私に、高橋さんが目で、ひとつ空いている四隅を指す。私にそこを持てと言う意味だろうか。

高橋さんは大きく頷いている。やはりそう言うことらしい。

私はひとつ空いている四隅に手をかけ持ち上げた。ほとんど力を入れていないのに、建物はあれよという間に上空に浮かび上がった。中で祈りを捧げている人たちは気付いていないようである。高橋さんが小さな声で、

「中の人たちに気付かれないよう、そっと、そっとだぞ」

3人のガイドと私はフワフワと浮かびながら、そのまま建物をフォーカス27に運んでしまった。公園の裏手にある広場の一角に静かに降ろす。

ほどなく祈りの時間が終わったらしく、中からぞろぞろと人が出てくる。

ヘルパーがその人たちを、レセプションセンター（フォーカス27にある、死者を受け入れるための施設）へと導いていった。

「ご苦労さん、大成功じゃねえか」高橋さんがにやりと笑った。その後ろでシンガスさんとユーカリさんも微笑んでいた。

今回のレトリーバルに、ガイドが3人一緒に来たのには、ちゃんと理由があったのだ。

私を含め4人いなければ、あの建物を持ち上げることは出来なかったのだろう。

つくづく、奥が深いなと思う。

3日にわたる救出活動

ここでもうひとつ。

レトリーバルが1回で終わらず、数日かけて行なった体験をご紹介したいと思う。

例によって朝早く起きてヘミシンクを聴く。

フォーカス23で助けを必要としている人のところに連れて行ってもらう。

いつものグレーの世界。何も見えてこない。

半分寝起きの所為か、意識が朦朧としていて、しっかりと集中出来ない。

そのうちなんだか胸のあたりが息苦しくなってくる。息苦しいというよりも痛い、に近い感覚。

やがて人物が見えてくる。男。東洋人、たぶん日本人。裸である。

よく見ると素っ裸ではない。黒い海水パンツをはいているようである。

背景がぼやけてどこなのかは分からないが、男はしゃがみ込んでいる。

とりあえず近寄って、名前を尋ねると、「山田……」という。名字は聞き取れたが名前のほうはよく判らなかった。

また意識が朦朧としてくる。軽いクリックアウトを何度か繰り返した感じ。

CDのナレーションが聞こえてくる。

いけない！　クリックアウトしたお陰で何もしないうちに時間切れになってしまった。

「山田さん、申し訳ないが時間切れだ。また来ます」

というと、山田さんはきょとんとした顔をしている。いったいキミは何をしに来たの？……みたいな。

そんな山田さんをその場に残し、覚醒状態へと戻りはじめる。だんだん山田さんが遠く小さくなって行く。

覚醒。


翌日。

昨日はレトリーバル対象に会うことが出来たが、途中でクリックアウトを繰り返してしまい、ほぼ何も出来なかった。今日は昨日の続きをしようと思う。

意識をフォーカス23に集中してみると、昨日と同じ情景が見え始める。

裸の男がしゃがんでいる。山田さんだ。

近付いていくと、山田さんはゆっくりとこっちを向く。

「やあ、昨日の人か……」

昨日の続きを始める。

「山田さんはここで何をしているんですか?」

「何をしているって……別に……でもどうしようもないから……」

的を射ない歯切れの悪い答え。どうやら自分が死んだことは分かっているような印象を受ける。続いて山田さんが死んだ時の印象が私のイメージの中に入ってくる。

……海で泳いでいると、沖に向かう強い流れにはまってしまい、いくら泳いでも浜に戻れない。そのまま力尽きて溺れてしまった……みたいな印象。

その後、再びクリックアウト気味になり、またもや時間切れ。

「山田さん、ごめん。また来ます」

「いいよ。どうせどこへも行けないし……」力なく微笑む。

申し訳ない思いと、ちょっとやるせない思いがない交ぜになったような感情が湧いてくる。

昨日も今日も、どうして大事なところでクリックアウト気味になってしまうのだろう。

そんな自分に歯がゆさを感じつつ、今日も覚醒。


「いいよ。どうせどこへも行けないし……」

山田さんのフレーズが心に残ってしまった。


翌日。

一昨日、昨日と2度にわたり、レトリーバル出来ずにいる。

今日こそは、と言うことで3度目のチャレンジだ。


フォーカス23。

山田さん発見。例によって何もないグレーの世界でしゃがんでいる。

「山田さん、もしかしてもう亡くなっていることにお気づきなんじゃないですか?」

「……」黙って下を向く。

瞬間、情報が私の頭の中に流れ込んでくる。

山田さんは、死ぬと何もない、無の世界に行ってしまうと思い込んでいたため、こんな背景も何も見えない、何もない世界にひとりで閉じ込められてしまっている。生前の自分の思い込みに囚われてしまっている、ということだろうか。

「私は自分があのとき海で溺れ死んだのだとわかっているよ。だから死後の世界にいるんだ。何もない、何も見えないここに」

「何も見えない世界にいるのに、どうして私のことは分かるんですか？」

山田さんは顔を上げて私のほうを見る。

「……そう言えばそうだ……」

「山田さんは死後の世界が何もない世界だと思い込んでいますが、実際の死後の世界はとても素晴らしい所なんですよ。今日は、死後の世界から山田さんをお迎えに来た人をお連れしているんです」

そう言って横にいる女性（たぶんユーカリさんが変身した人？）を目で指し示す。

山田さんは驚いた顔をしている。

「か、母さん！　母さんじゃないか！　母さんが俺を迎えに来てくれたのかい？」

「そうですよ。一緒に行きましょう。向こうではみんながお前を待っているよ」

そう言うと、女性（ユーカリさん？）は山田さんの手を取る。

だんだんと、何も見えないグレーだった背景が明るくなってくる。

2人はそのまま浮かび上がり、ゆっくりと漂うようにフォーカス27に向かう。

ふと見ると、ユーカリさんが私の隣にいるのが分かる。

「あれ、ユーカリさん、山田さんと一緒に行ったんじゃなかったんですか？」

「私はずっとここにいたよ。」

「じゃあ、あの母親になっているのは誰ですか？　ヘルパーさん？」

「ううん、山田さんの本当のお母様よ。迎えに来たんだよ、本当に」


フォーカス27のスペシャルプレイスに戻りリラックスする。

テラスの丸テーブルで3人のガイドと会話。

「3度目にしてようやく救出成功ですよ」

「今回は苦労したな。苦労と言うより、ただ単にお前が寝ちまっただけだけどな」

相変わらず口の悪い高橋さん。

「だけど今回の経験で、思い込みがいかに強力な力を持っているか分かったろ」

自分がダメダメなせいで、救出に3日もかけてしまったが、なんとか山田さんを救出することが出来た。

本当に良かった。

ついに体験の確証を得る

モンロー研究所の公式プログラムである「ライフライン」に参加したときのエピソードをご紹介したいと思う。

現在、日本人向けに日本語で開催されているモンロー研究所の宿泊型プログラムは、ぜんぶで5つある。それぞれにテーマが決まっており、受講する順番も決まっている。

最初に受講するのは「ゲートウェイ・ヴォエッジ」というプログラムで、ヘミシンクの入門コースである。6日間かけてフォーカス10からフォーカス21までのフォーカスレベルをじっくりと探索する。

「ゲートウェイ・ヴォエッジ」を修了すると、次に受講できるのが「ライフライン」プログラムである。

このプログラムは、死後世界を探索し、囚われている意識を救出することを主目的としている。加えて、輪廻の中継点と言われるフォーカス27を探索する。

このプログラムに参加する前に、アクアヴィジョン・アカデミー主催の2日間セミナーである「フォーカス27体験コース」に参加し、その後独学で繰り返しレトリーバルを行なってきたが、この「ライフライン」では6日間のプログラムの中で集中的にレトリーバルを繰り返す。

いったいどんな体験が待っているのか、ワクワクしながら小淵沢を訪れた（宿泊型プログラムは小淵沢で開催されている）。

「ライフライン」では、さまざまなアプローチでレトリーバルを試みる。

その中のひとつのセッションに「ターゲット・レトリーバル」というのがある。

これは数人が一組になって、自分がレトリーバルしたい人を紙に書く。紙にはレトリーバルしたい人の名前もしくはニックネームを記入し、記入した本人の名前は書かない。

これは誰が書いたかを判らなくするためである。

記入し終わったら、その紙を集めてシャッフルする。そしてシャッフルされた紙をひとりずつ選ぶ。選んだら、ガイドとの共同作業でその紙に書かれた人についての情報を得る。必要ならレトリーバルする。

各人、選んだ紙に書かれた人の名前は（自分が書いた紙を引かない限り）誰だか判らない。判らなくても、ガイドはそれが誰だか判っているので、ガイドを信頼してガイドとの共同作業でその人の情報を得る。その人がフォーカス27にいれば良いが、もしフォーカス23にいた場合はレトリーバルする。

私が引いた紙には、ある男の人の名前（名字はない。名前だけ）が書かれていた。

だれだこの男の人？

知り合いに同じ名前の人はいないし、有名人にも思い当たる人物はいない。

私はいったい誰をレトリーバルするのだろう。

トレーナーのフランシーンは、「あなたがその人のことを知らなくても、あなたのガイドはちゃんと知っている。ガイドを信頼してやれば、必ずレトリーバル出来る」と言うが、どうにも不安である。誰だか判らない人をレトリーバルするなんてことが、果たして本当に出来るのだろうか。

なんの縁もゆかりもない、どこの誰かも判らない名前の書かれた紙片を手に、自分の部屋に向かう。そしてベッドに入り、ヘッドフォンを装着し、目を瞑る。

程なくセッションが開始される。

今回のセッションで聴くCDは、フォーカス27まで順を追ってガイダンスが誘導していくもの。フォーカス27まで行ったら、逆の順番で戻ってくる。

ガイダンスに従い、フォーカスレベルを上げていく。

フォーカス10からフォーカス12に移行する途中、広い芝生のグラウンドが見えてくる。屋外のサッカー場のようである。何人もの人がサッカーをしている。

見えるのはグラウンドとサッカーボールとサッカーをしている人たちの下半身だけである。上半身は見えない。サッカーボールが右から左、前から後ろへと蹴られて移動する。

目まぐるしく動き回るサッカーボール。

フォーカス23付近で、靴を入れる四角い紙の箱が見えてくる。長方形の箱。

フォーカス25付近で、真っ赤な鬼灯《ほおずき》が見えてくる。これを口の中に含み、つぶす際に「キュウ」と音が鳴る。そんなイメージが見える。意味は分からない。

フォーカス27。ぼんやりと中年男性が見えてくる。誰だろう……見たことのない男性である。静かに笑っているような印象。

ガイダンスに従いレトリーバルに向かう。フォーカス23到着。何もイメージが見えてこない。ひたすらグレーの空間が拡がるばかりで何も見えない。

その後、ガイダンスに従い一旦フォーカス27に戻る。

フォーカス27に戻る途中、フォーカス25あたりでふたたび鬼灯《ほおずき》が見えてくる。今度は周りのガサガサした袋のようなものが付いたままの状態で見える。この周りの袋を剥く手が見える。剥き終わり、赤い鬼灯《ほおずき》の実を持って、こちらに差し出す手が見える。

フォーカス27。イメージは良く分からない。その後、ガイダンスに従いセッション終了。


いったいこの体験は何だったのだろう？

ただイメージが次から次へと切り替わっていく。

あちこちに動き回るサッカーボール、真っ赤な鬼灯《ほおづき》（二度も見えた）、見知らぬ中年男。

特に誰かをレトリーバルした記憶はない。何の脈絡もない一連のイメージの羅列。

セッション後に体験をシェアする。

すると、私が引いた紙に名前を書いた人（Aさん）が、

「その人は私の知り合いで、熱気球で太平洋横断を敢行したのだけれど、途中で行方不明になっていまだに見つかっていない」という。

熱気球、行方不明……

サッカーボールがあっちこっちに動き回っている、赤い鬼灯《ほおずき》……

はっとするものがあった。まさか……

その日のセッションが全て終わったあと、私はノートPCを開き、その男の人の名前を検索してみた。出てきたのは、行方不明のニュース記事と熱気球の写真。

写真を見てドキッとした。写っていた気球は、下半分が赤かった。

この男の人は、熱気球で太平洋横断中、何らかの理由（嵐か乱気流か）により上空で翻弄されて行方不明になってしまった、ということなのだろう。

何の予備知識もない状態で見えてきたイメージではあったが、多くの点で共通項が見いだせる。私が知る由もない情報が符合していく。赤い熱気球は赤い鬼灯《ほおずき》としてイメージされ、気球が上空で翻弄される様子はサッカーボールの動きとしてとらえられていた。

私にとって、これは非常に大きな体験となった。この体験をしたことで、ヘミシンクを通して体験している内容は単なる空想ではない、ということに百パーセント確信を持てるようになった。それまでは、心のどこかで「ホントかな」というささやかな疑惑が燻っていたのだが。

後日談

この男の人が、その後どうなったのかをここで簡単にご紹介しておきたい。

実は、この男の人の名前を紙に書いたAさん自身が後日レトリーバルを試みたそうだ。

やはりこの男の人はフォーカス23にいたらしく、Aさんが無事フォーカス27に連れて行くことが出来たとのこと。

それを聞き、私はほっと胸をなでおろした。そうか、救出できたんだ……

何の縁もゆかりもない、会ったこともない、それどころか見たこともなければ名前も知らなかった人だが、無事救出されて本当に良かったと思う。

コラム③ ヘミシンク・セミナーについて

モンロー研究所の公式プログラムのうち、日本国内で（日本語で）参加できるのは次の5つ（いずれも6日間の宿泊型プログラム）

・ゲートウエイ・ヴォエッジ（フォーカス10〜21）
・ライフライン（フォーカス23〜27）
・エクスプロレーション27（フォーカス27〜35）
・スターラインズ（フォーカス35〜49）
・スターラインズ2（フォーカス35〜49）

これらのコースは、ゲートウェイ・ヴォエッジから順番に受けるルールになっている。

また、アクアヴィジョン・アカデミーでは、1日コース、2日コースなど、各種セミナーを定期的に開催している。

モンロー研究所公式プログラム、およびアクアヴィジョン・アカデミー公式セミナーについての詳細は以下のサイトをご参照頂きたい。

アクアヴィジョン・アカデミー・ホームページ　http://www.aqu-aca.com

三章　友情

ガイドから教わった、ほんとうにたくさんのこと

ガイドは良き相談相手

これまでは、ガイドとの共同作業ということで、レトリーバルについてご紹介してきたが、それと並行して、ガイドからはさまざまなことを教わっていた。

教わっていたと言うよりも、私の悩みを聞いてもらっていたと言うほうが近いかもしれない。そういう意味では、私にとってガイドは「良き相談相手」でもある。

ガイドにいろいろと質問をすると、的確な答えをくれることもあるが、毎回必ずしも明確に答えてくれるとは限らない。だが、答えに行き着くための道筋やヒントは何らかの形でもらっ

ている。

そして多くの場合、その答えは私にとってベストなタイミングで訪れるのだ。

ある意味、これもガイドの計らいというヤツかもしれない。

自分の過去世を救出しにいく

レトリーバルのやり方を覚えてからしばらくの間、私は何かにとり憑かれたようにレトリーバルを繰り返していた。ヘミシンクを聴けばレトリーバルという日々。この日もシンガスさんとレトリーバルに向かう。

目の前にかなり昔の風景が拡がっている。場所は正確には分からないが、雰囲気から中東あたりではないかという気がする。

一人の男が裁判のようなものを受けている。有罪、死刑……そんなイメージ。

何の罪かは分からないが、この男は死刑になる。

その後、イメージは屋外に移る。

男は縛られたまま広場のようなところに引きずり出されてくる。そして壁に両手両足を括りつけられ、磔《はりつけ》のような格好になる。

広場にはたくさんの群衆が男を取り巻くようにして集まっている。みな両手に人きめの石を持っている。どうやらこれは「投石公開処刑」のようである。

男は群衆を見回す。群衆の中には、男の友人や知人が何人も混じっているではないか。

親友だと思っていた男まで、手に石を握って自分を見ている。

それを目にした男は、ショックと落胆で全身を震わせている。

直後、役人の掛け声が響き渡り、同時に群衆から石が一斉に投げつけられる。

そして、場面は再び裁判まで戻る。有罪、死刑。屋外に引きずり出されて投石処刑。

どうやらこの場面を延々と繰り返しているようである。何百年か何千年かわからないが延々と。

男は友人や知人から裏切られたという悔しい思いを抱きつつ、無数の石を投げつけられて死んだのだ。

これは気の毒である。なんとしてもレトリーバルするしかない。

そこで私は、男が屋外に引きずり出されてきたところで、

「すいません、処刑の前にご家族に会える機会を設けましたよ」と声をかけた。

男はびっくりした顔をしていたが「本当か、ありがたい」と言って微笑んでいる。

そのまま男と一緒にフォーカス27に移動する。

フォーカス27では男の家族と思しき女性と子供が出迎えに来ている。男は家族と一緒にレセプションセンターへと入っていった。

シンガスさんのほうを見ると、にっこり笑って「成功、だね」と言っている。

そして、

「いま救出したのは、あなたの過去世のひとつだよ」という。

「え、私の過去世？」

レトリーバルに来たはずなのに、過去世が出てきた。

なにがなんだか分からなくなる。

投石処刑の場面がフラッシュバックする。群衆に友人知人……

そうか、そういうことか、と腑に落ちた。

実は私は友人を積極的に増やそうという意欲が非常に弱いのだ。そして誰かと友達になっても、心のどこかで一線を引いて付き合ってしまう。自分のすべてをさらけ出してしまうのが怖い。仲良くなっても、いつか裏切られるかもしれない。だからそうなったときに自分が必要以上に傷つかないよう、あまり仲良くなりすぎないようにしよう。

こうした自分の性格は、このときの体験（信じていた友人知人が自分に石を投げようとしている）が影響しているのかもしれない。

「レトリーバル出来たから、きっと少しずつ変わっていくよ」とシンガスさんは言う。

そうなるといいな、と思う。

小学校時代の自分の囚われた心を解放する

もうひとつ、これも私にとって印象的な体験をご紹介したい。

フォーカス15で自分の過去世を見に行ったときのことである。見えてきたのは過去世ではなく、現世である。現世の過去。小学生時代の自分。なんだ、過去世じゃないじゃないか、と思うが、これにも何か意味があるのだろう。成り行きに任せることにする。

小学4年の時に、友達のO君が転校することになり、引っ越した先に遊びにおいで、と誘ってくれた。

その話を学校で他の友達にしたところ、ぼくも行きたい私も行きたいとみんなが言い出した。そしてO君の転居先に遊びに行きたい人の数が10人を超えてしまった。

その話を聞いていた担任の先生が「そんなに大勢で行ったらO君のご家族に迷惑でしょう」と言い出した。

「人数を絞って行きなさい」。

当時の学級委員のSがなぜかその場を取り仕切り、あろうことか行くメンバーを勝手に決めてしまった。

何と、私はそのメンバーから外されてしまったのだ。

「なんでだよ」

私が誘われたというのに！　理不尽だ。

腹が立つとともに、何だかもの凄く悲しい気持ちになった。

その時のイメージが一瞬にして蘇ってきたのだ。

なぜあのときのことを急に思い出したのだろう？　何十年も思い出すことすらなく、記憶の片隅にしまい込まれ、忘れ去られていた小学生時代の些細な出来事。

……そうか。

だから私は自己主張をしなくなったのか……

自分のことを他人に決められたりすることに極度に嫌悪感を覚えるのも、この時の体験が影響しているのか。

自分の言動、行動が他人に影響を及ぼすことに人一倍気を遣い、意見があっても、そしてその意見が正しいものでも、積極的に自己主張しようとしない私のいまの性格は、この時の体験が効いているのか。

私はハートの辺りから愛のエネルギーを取り出すイメージをし、これを球状にして放出した。球状の光の玉はゆっくりと、小学4年の自分に吸い込まれていった。

なんとなく、癒やされたような感覚になった。セッション終了。

今回は期せずして、子供時代の自分の感情をレトリーバルすることになった。

これも今後に向けての自分にとって必要なことだったのかもしれない。


フォーカス23に囚われているのは、死後なんらかの理由で物質世界とのつながりを切ることが出来ずにいる人ばかりではない。人そのものではなく、その人の持つさまざまな思いや考えなど、その人の側面が囚われてしまっていることもある。

次にご紹介するのは、私自身のある側面をレトリーバルした体験である。

囚われていた「ぬるい自分」

何度も繰り返しレトリーバルをするうち、フォーカス23に対する自分の感覚が微妙に変化してきた。フォーカス23は、死者の意識が何らかの理由で囚われてしまい、本来行くべきフォーカス27（輪廻の中継点）に行けない存在たちがいる領域である。

当初、フォーカス23に対する私の印象は「灰色でモヤモヤとしており、何もない空間」というものだった。決して居心地の良い場所ではない。

だが、何度もフォーカス23を訪れるうちに、徐々に印象が変化してきた。最近では、何となくピンク色でふわふわとしている印象で、淡い色の羽衣のような布が漂うようにたなびいている。そして、なんとも居心地が良いのだ。

とても快適で、ずっとここにいたい、とさえ思ってしまう。

なぜだろう。なぜフォーカス23が心地よいのだろう。

その理由を確かめようと思い、ふたたびフォーカス23を訪れる。

ふわふわとした感覚……心地よい……

おっと、これじゃダメだ。私は自分の意識を心地よさから遠ざけるようイメージしてみる。

そしてそのふわふわした心地よい空間に集中すると、次のようなメッセージがはいってきた。

今の家族との楽しい日々を維持したい。

ほかの部分には不満もあるが、家族との日々が楽しいので（不満については）目を瞑ろう。

良いじゃないか、家に帰れば楽しい家族との時間が待っているんだし。

ああ、心地よい……

なんだこれは。これは今の自分のことではないか。

人間、生きていればいろいろあるし、そりゃ不満もあるけれど、家族と過ごす時間が十分に満足できるなら、ほかに多少の不満があっても我慢すればいいじゃないか。

そういう「ぬるい」日々にドップリと浸かってしまい、本来進むべき道すら忘れかけている

……それじゃダメだろ。

なんとかこの「ぬるい自分の側面」をレトリーバルしなければ。

どうする？　方法は？

思いついたのが、もう一度この意識と同化することだった。

エイヤッと同化すると、フォーカス23がとても心地よく感じる。同化したまま、意識を半ば

強引にフォーカス27に引っぱり上げる。

ピンク色でふわふわしていた風景が徐々に変化し始める。

そして目の前にぼんやりとフォーカス27の公園が見えてくる。

なんとかフォーカス27まで来ることが出来たようである。

すると不思議なことに、意識が変化していることに気付いた。

いまの家族との楽しい日々を維持していくためにも、このままではいけない。自分の本来進むべき道に立ち返ろう。そういう意識状態になっている。


面白い。


意識状態が、フォーカスレベルが変わることで変化する。

先ほどフォーカス23では、その心地よさに「このままで良い」と思っていたのに、フォーカス27に来ると、「このままじゃいけない」と思っている。

そう、このままじゃいけないのである。

もう一度、自分自身の進むべき道に立ち返らねば。

大丈夫、フォーカス23に囚われていた「ぬるい」自分の側面はレトリーバル出来た。

今まで以上に大胆に行動に出るときだ。
ぬるい自分はもういない……

繰り返す質問と新たな答え

以前、自分が数年後に何をしているかを訊いたことがあったが、その時のガイドの答えは「自分の進むべき道を見つけて、突き進んでいる」ということだった。そして、それは具体的には「伝えること」なのだという。

この点について、私は機会あるごとに繰り返しガイドに訊いてきた。

フォーカス27にあるスペシャルプレイスでジャグジーに浸かりながら、この質問を高橋さんにしてみると、

「だから伝えるんだよ。お前がほかの人に伝えるんだ」

「具体的になにをどうやって伝えるんですか」

なぜかこの部分になると、明確な答えが得られない。

「じゃあ、それを始めるきっかけは何なんですか」

「ある人との出会いがある。その人はいままでに会ったことのある人かもしれないが、その人との出会いがきっかけで変化が始まる」

「その人って、誰ですか？」

「さあ、誰だろうな」

教えてくれない。

「その人に出会ったときに、この出会いが変化の兆しだと分かるんでしょうか」

「そりゃ分かるだろうよ、そこから変化が始まるわけだからな」

「出会った瞬間に？」

「いやいや、そう慌てるなって。そうじゃないよ。その人と出会うことで変化が始まって、時間とともにお前自身が変化していくわけだ。ある日お前は変化してきた自分自身を振り返る。そして、『あ、あの時の出会いが始まりだったんだ』って気がつくんだよ」

なるほどと思う。

たしかに、出会った瞬間に「これは運命的な出会いだ」なんて分かることは滅多にない。

だが、本当に何気ない出会いが年月とともに大きな変化をもたらすこともある。このときから数年かけて、私はそれを体験することになる。

集中力が知覚の鍵だ

季節の変わり目に、私はよくギックリ腰をやる。やったことのある方はご存知のことと思うが、これが想像を絶するほど痛い。ヘミシンクを始めて半年ほど経ったころ、ひょんなことでギクッとやってしまった。今回は相当重症だ。ベッドに横になっているだけでも痛い。痛すぎて寝返りすら打てない。起き上がることが困難な状況のため、トイレに行くにも必死である。こんな按配だから医者にも行けない。

もちろん仕事にも行けない。何もすることがない。どうしようもない。こんな状況なので、ヘミシンクも聴けない。聴こうと試みたが、痛みで集中できなかった。本当に寝ること以外、何もすることがない。

そんな状況が数日続いたが、3日もすると徐々に症状は回復してきた。なんとか起き上がることが出来るようになったので、整骨院に行くことにした。痛い腰を庇いながら歩くためか、妙な格好になってしまう。それから数日、まるでゾンビのような歩き方で、汗だくになりながら必死の思いで整骨院に通った。

私の腰が「ギクッ」という音を立てて一週間が過ぎたころ、ようやく人並みの生活が送れるようになった。この間、ヘミシンクを聴かずにいたためか、思うような体験が出来なくなってしまっていた。

フォーカス21のCDを聴いても、フォーカス27のCDを聴いても、いまひとつ体験らしいものが出来ない。何かを体験しているようではあるが、朧げすぎて記憶に残らない。

そんな日が何日も続いた。

どうしたものか。ちょっとだけ心がへこんだ。

それでもヘミシンクを聴く。

フォーカス27にある自分のスペシャルプレイスに行ってみる。ベランダのビーチチェアに高橋さんが寝そべっている。今日はけっこうちゃんと知覚出来ている気がする。

「よう、どうだ腰は」

「なんとか良くなってきましたよ。腰はいいんですが、最近いまひとつはっきりした体験ができなくなっちゃったみたいで……」

「なんだ、深刻な顔をしているから何かと思えば、そんなことか」

「そんなことかって、結構へこんでるんですけど」

「心配するな。おまえの知覚能力は落ちていないから。ギックリ腰やら花粉症やら仕事のストレスやらの、肉体からの信号が大きすぎて、非物質界からの信号が埋もれているだけだ。そういうときはうまく知覚できなくて当たり前だ」

高橋さんはそう言って慰めてくれる。いい人（ガイド）だな、高橋さん。

「嘘だと思うなら、これからレトリーバルに行って確かめてみるか。もう腰は痛くないだろ？」

ということで、高橋さんと一緒にフォーカス23に移動。

モヤモヤとした空間の中に、ぼんやりと人影が見えてくる。

ロッキングチェアに座ったまま眠っている老婆。眠っているのか死んでいるのか、ぴくりとも動かない……座ったまま寝込んでしまい、そのまま亡くなった、心臓発作……という情報が私の意識に流れ込んでくる。

老婆は自分が死んだことに気付くこともなく、そのまま眠り続けているのだ。

声をかけてみる。反応がない。

もう一度、声をかけてみる。今度は少し声を大きくして。

老婆は目を覚まし、「おやおや……眠ってしまったんだね」と言いながら顔を上げた。

「あら、あなたはどなた様？」私に気づき、訊ねてくる。

「お婆さん、信じられないかもしれませんが、あなたはもう亡くなられています。その椅子で眠っているあいだに息を引き取られたため、いままでご自分が亡くなられたことに気付かずにいたのです」

老婆は驚いた様子もなく、私の顔をじっと見つめたまま、

「やっぱり死んでいるのね。構わないのよ、この歳だし、いつ死んでもおかしくないと思っていたから。おまけにいつも痛む体も今日はちっとも痛くないので、変ねと思っていたところなの」

こっちが驚くほどに、老婆は自分の死をすんなりと受け入れた。

「それで、あなたはここで何をしているの？」

「私はあなたを、あなたのことを待っているご家族のもとにお連れするためにやってきました。ご主人がお待ちですよ」

それを聞くと、老婆は優しく微笑んで椅子から立ち上がった。「さ、行きましょう」

老婆の手を取り、心の中で一、二、三とゆっくり数える。周りの風景が徐々に変化し、気付くと公園に来ていた（この公園はフォーカス27にある公園である）

老婆はあたりを見回す。ベンチに座っている老紳士が見える。老紳士はゆっくりと立ち上がり、老婆の近くまでやって来た。どうやらこの老紳士、老婆の夫のようである。

ふたりは微笑みあい、優しく抱擁する。

私の横で高橋さんが「ほら、もう戻るぞ」と言っている。

スペシャルプレイスに戻ると高橋さんが、

「な、ちっとも鈍ってなかっただろう」と言って笑っている。

高橋さんの言うとおり、私の知覚力は落ちてはいなかった。

今回学んだことは、知覚力は集中できるかどうかで大きく変わる、ということである。

そして集中するためには、日ごろの心配事やストレスを解放してリラックスすることが必要である。だから今回の私のように、身体的に不調な場合などはそもそもリラックスできないため、ヘミシンクの体験もうまくできなかったというわけだ。

良く考えてみれば当たり前のことだが、腰の痛みで集中出来ていなかったときも、自分では一生懸命に集中しているつもりだったのだ。

CDを聴く際には、鈍く残る腰の痛みをエネルギー変換箱（ヘミシンクを聴く際に集中して聴けるようにするために用意する「想像上の箱」で、セッションの冒頭に集中を妨げる物ごとや出来事、思いなどをその箱にしまい込んでおくことで、ヘミシンクセッションに集中しやすくするためのメンタルツールである）にしまい込んだつもりだったが、後からあとから湧き出てくる痛みのすべてをしまい込むことは出来なかったのだろう。

事程左様に肉体からの信号というのは強烈だということを改めて実感した次第である。

思った通りにならない……なってるぞ、ちゃんと

自分が思ってもみない体験をすることがある。

日常生活においても、非物質界の探索においても、それは同じだ。

例によって、フォーカス27にある自分のスペシャルプレイスに行くと、高橋さんが待っていた。

「よう、来たな。なんか悶々としてないか?」

言われてみて初めて気付く。確かに思考が右往左往していて、何をしたいのか定まらない感じである。

「そういう時は何もしないでのんびりしているのが一番だと思うぞ。今日はここで寝そべって過ごすか」

高橋さんがそう言うし、なんとなく自分でものんびりと休息したい気分なので、ビーチチェ

アに寝そべって高橋さんと会話することにする。

遠くまで続くエメラルドグリーンのラグーンを眺めながらぼんやりとしていると、ここ最近の出来事が次々に頭に浮かんでくる。仕事もうまくいかないしプライベートでも問題山積だし。なんか俺の人生、どうなっちゃうんだろう……

「なに悩んでんだ、お前の思った通りになっているじゃねえか。今までだってそうだったし、これからもずっとそうだ。悩むことなんて何もないぞ」

いやいや、全然思い通りになってませんから。なっていたら、こんなに悶々としてませんよ。

そう思うが、高橋さんは、

「なってるだろ思った通りに。期待通りになってないだけだ」

その違いが分からない。

「お前がこうなったら良いな、って思うだろ。そしてそのすぐ後に、でも無理だろうなって思うだろ。結果、無理なんだよ。な、思った通りじゃないか」

ん？　期待通りになってないだけで、思った通りにはなっている……のか？

「なってるよちゃんと。ものの見事になってるぞ」

……いやいや、そんなことはない。そうなっていないことだってある。あるはずだ。

「おまえがどう思おうと、ちゃんと思った通りになっているんだよ。たとえば、お前このあいだ宝くじ買ったろ。そのときのこと、思い出してみな」

　あのときは確か……そうそう、当たると信じて買えば当たるんだ、と自分に言い聞かせ、ジャンボ宝くじを20枚買ったんだっけ。当たる。絶対当たる。外れたら困るから、外れることは考えないようにしよう、と必死で当たることを信じ続けた……のに、3百円が2枚当たっただけだった。

「ほら、思った通りになってないじゃないですか」

「なってるだろ、よく考えてみろ。外れたら困る、とかなんとか考えただろ。思った通り外れて困ったよな。はい、お見事。思い通りになりました」

「……確かに、考えましたよ外れたら困るって。でも当たれって強く念じてたのに、そっちは思った通りにならないんですか」

「相反する考えがある場合、否定的な思いのほうが肯定的な思いよりも強く働くんだよ。その結果、否定的な思いのほうが叶うんだよ」

　そういうことか。確かに「外れたら困る」という思い、「当たらないかもしれない」みたいな否定的な思いは常にあった。あったからこそ、それを打ち消し続けていたのだ。

「だろ？　だからそういうことなんだよ。分かったか、分かったらもう悩むのやめろ、バカバカしい」

バカバカしいとか言われてしまった。だが、高橋さんの言うとおりかもしれない。

「だから、こうなりたい、とか思ったら、その思いを完全に信頼するしかないんだよ。ヘミシンクでも初めて体験するフォーカスレベルは、それがどんなところか分からないから『分からない』という意識が支配的になって、何も体験できなかったりするんだ。物質界も非物質界も同じことだ」

な〜るほど。さすがはガイド！

言葉遣いは乱暴だが、言っていることは的を射ている。

この日、高橋さんとの会話で私が得た情報をまとめると以下のようになる。


物質界とか非物質界とか分けて考えがちだが、実はどこにも境界線はなく、これらは連続するひとつの世界である。違いがあるとすれば、それは波動レベル（振動数）だけであり、波動レベルの違いが見え方、感じ方に違いをもたらす。

物質界というのは、全体世界のなかで最も波動レベルの低い状態で、物理的肉体が存在しうる場所に過ぎない。

意識は波動レベルに拘束されないため、より波動レベルの高い状態（非物質界）まで知覚することが出来る。非物質界では、思いが具現化するということを（ヘミシンクを通して体験から）知っているが、これは非物質界に限らず物質界も含めたこの世界全体に共通している「法則」である。だから物質界でも思いは具現化する。

ただし、否定的な思いの方がエネルギーが強いため、どこかで否定的な思いがあるとそちらが実現してしまう。このために、思った通りにならないと感じてしまう。だから、物ごとを否定的に考えない、プラスに考える、と言うことは非常に重要なことである。

ただなんとなく、のんびりしたくて高橋さんと会話を始めたはずなのに、終わってみれば宇宙の法則のようなものを知ってしまった気分である。

これを自分の人生にうまく活かせたら、凄いことになるだろうな……でもなかなかそう簡単には……。これがいけないんだ。この否定的な考えが！

楽しむことの大切さを教わる

5月5日、こどもの日。

息子は友達のところに遊びに行った。妻は買い物に出かけた。家には私ひとり。となれば、ヘミシンクである。

フォーカス27にある自分のスペシャルプレイスに行き、ベランダのビーチチェアに寝そべる。目の前には波ひとつないエメラルドグリーンのラグーンがどこまでも広がっている。それを眺めながらリラックスしていると、ユーカリさんがやってきて隣のビーチチェアに寝そべる。私に話しかけることもなく、気持ちよさそうに太陽を浴びている。

ユーカリさんとふたりで、しばらく会話もせず日なたぼっこを楽しんでいたが、ふと私の頭に疑問が浮かんだ。

「ユーカリさん、ヘミシンクのセミナーに参加すると『肩の力を抜いてリラックスして楽しみましょう』と教えられるけど、それは何故？」

「それはね、そうすることで意識の波動レベルが上がるから。楽しい気持ちとかワクワクした気持ちっていうのは波動レベルが高いから、非物質界にアクセスしやすいの。反対に緊張、不安、恐怖心とかの波動レベルは低いから、意識そのものが物質界に寄っていくため、非物質界にアクセスしにくくなるの」

なるほどと思う。だが、ここで新たな疑問。

「でも、なぜ楽しんでいるときは波動レベルが高くて緊張しているときは波動レベルが低いの？」

「それはね、不安とか恐怖、怒りなどの感情は人間が物質界で生きている中で生まれるの。例えば、奥さんと喧嘩したとか、友人に馬鹿にされたとか、駐車場に止めておいた愛車に傷をつけられたとか、足の小指を柱の角にぶつけたとか、そういうことで腹を立てたり不愉快になったり不安になったりするでしょう。でもよく考えてみれば判ると思うけど、それってどれも自分の本質とは関係ないところで起きていることに感情が振り回されている状態なの。言い換えれば、物質界で起きていることに影響されて波動レベルが下がっているの」

言われてみれば、確かにそうである。

そういう、いわゆるマイナスの感情の多くは自分の外で起こったことのリアクションとして生じる感情である。

「物質界で起きていることに影響された結果の感情なので波動レベルが低いのよ。物質界の波動レベルが低いから」

なるほど。すごく納得してしまった。それでか。

「それに対して楽しい気持ちとかワクワク感というのは、その多くは自分の中から発生する感情なの。勿論、物質界の出来事のリアクションとして発生するワクワク感もあるけれど、それは自分の望む気持ちに沿った感情なので、自分の意識レベルと共鳴して波動レベルを上げるの」

　ユーカリさんの言葉のすべてがストンと腑に落ちた。ものすごくすっきりした。楽しんで、という合い言葉の本当の意味が分かった気がした。

思いのキャッチボール

　フォーカス21に行くと、高橋さんが待っていた。

「よう、元気にしてたか？　カミさんとは仲良くしろよ」

　いきなりの先制攻撃。セッションに入る前、妻とちょっとした口論をしていたのだ。そのことを早速言われてしまった。

「それはともかく、俺に何か訊きたいことがあるだろ？」

「ええ。最近、なんとなく日々の生活に疑問を持つことがありまして。本当にこれでいいのだろうか、という感覚に頻繁になるんです。仕事のこと、それ以外のこと、いろいろとあっても、なかなか友人や家族には相談も出来ず、ましてや愚痴ることも出来ず、けっこう悶々としちゃってるんですよね」

「お前だけじゃなくて、人が環境を変化させる時っていうのは、だいたいそうなるもんだよ。その中から変化に必要なパワーがガツンと湧いてきたりするんだよ」

「そんなもんですかね……ヘミシンクを広める方向に人生をシフトさせたいと思ってはいても、具体的に今なにをすればいいんですかね」

以前、5年後の自分が何をしているかをガイドに訊いたとき、自分の本当の目的を見つけて、そっちに向かって進んでいると言われたことがあった。そしてそれは伝えることだと教わった。

なんのことか分からず、それ以降さまざまな場面で質問を繰り返してきた。

そうするうちに、私にとっての本当の目的が、ヘミシンクを伝えていくこと、ヘミシンクを通して非物質界の存在を伝えていくことだと、少しずつ分かってきた。

ヘミシンクを伝える？

ヘミシンクを始めた当初から日々の体験をブログで公開している。そしてそれを読んでくださった方々からコメントをいただいたり、その中のご質問にお答えしたりしている。

これだって、ヘミシンクを伝えていることになると思うのだが、ガイドは「もっと直接つたえること」が必要だという。

ここでふたたび、トレーナーというフレーズが頭をよぎる。

トレーナーになる……私が？

最初は自分ごととして考えられなかったが、このときは違った。

なれるものならなってみたい。そう思った。

そしてそれが、自分のライフワークになるのではないか、という漠然とした思いが芽生え始めていた。

だが、そのために具体的になにをすればいいのか。そこのところが相変わらずぼやけたままだった。

「お前、以前にも俺やユーカリに似たような質問してたよな。そのときの答え、覚えてるか？」

「……自分の思いに素直になれ、ってやつですか？」

「それそれ。そう言えば、そのときもお前、なんか迷いみたいのがあったよな。頭じゃ理解出来ても、とかなんとか言いわけしちゃってたよな」

「言いわけって言うか、いまひとつ実感がないというか……自分の思いに素直になったとして、本当にその思いに近付くのだろうか、とか思っちゃうんですよね」

「お前、キャッチボール知っているだろう。ふたりでボールを投げっこするヤツ。あれと同じだ。まずお前が自分の思いを込めたボールをこっちに投げて寄こすことがすべての始まりなんだよ。ボールを投げるってのは行動を起こすってことだけどな。そのボールがこっちに来れば、俺たちがそれを受け止めて、それに見合った結果っていうボールをお前に投げ返す。その結果を手にしたお前が、また思いを込めてこっちに投げてくる。この繰り返しで思いに近付いていくんだよ。まずはボールを投げて寄こさないことには何も変わらねえぞ」

そんな会話をしていると、徐々に目の前のイメージが変化し始めた。

自分がキャッチボールをしている光景。

天気の良い、日当たりのいいグラウンドの端っこで、私は誰かとキャッチボールをしている。キャッチボールの相手が誰だかは判らない（顔が見えない）

「ちゃんと受け取れよ！」

という声とともに、ボールが飛んでくる。

その時、思いもよらないことが起こった。

ボールが私の近くまで飛んできたそのとき、なんと肉体の私の右腕が勝手に素早く動き、ボールを受け止める動作をしたのだ。

瞬間的な、もの凄く素早い動きで右手が上がり、ボールを受け止める位置に構える。

非物質界でのキャッチボールの球を、物質界の肉体の右手が受け止めたのである。

もちろん、実体としての球が存在する訳ではないが、私の肉体の右手は、そこに確かに球があるのと全く同じ動きをしたのだ。

そのとき、高橋さんの声が聞こえてきた。

「ほらな、必要な行動はちゃんと出来るようになってんだよ。心配しないで、自分の思いに素直に行動してみな。その結果を今みたいに、しっかりと受け止めれば良いだけだからさ」

ここでCDが終了。

非物質界からの働きかけに、物質界の肉体が反応したのにはびっくりした。

身を以て体験するというのは、やはり迫力がある。

喧嘩しないコツ

ちょっとしたことが原因で、息子と喧嘩をした。

それについて、妻は息子の側に立ち、私は孤立する形となってしまった。

まあ、原因は他愛もないことだったのだが、結果的に自分が悪者にされ、なんとも不愉快な気分だ。

今日はこんな気分でヘミシンクを聴いても、きっと集中出来ないだろうな、とか思いつつ、それでも聴く。

……やはり集中出来ない。

エネルギー変換箱に雑念や邪念を全部しまい込むが、入りきらない。

全部しまい込んだつもりになり、自分には雑念が残っていない、ヘミシンクに集中出来る状態である、と自分自身に言い聞かせる。

なんとか気持ちを落ち着かせ、フォーカス27にある自分のスペシャルプレイス に移動する。

テラスの椅子に座るなり、高橋さんが近付いてきた。

「今日は派手に喧嘩してたな」ニヤニヤしている。人の喧嘩を面白がっているのだろうか。

「なんで喧嘩になるのかな……」と独りごちていると、

「それは互いのエゴのせいだよ。自分の思い通りに相手をコントロールしたいのさ。それが上手くいかないと感情的に相手をいたぶる行動に走ってしまう。言葉の暴力だな。だが気をつけたほうが良いぞ、それはお互いの波動レベルを下げる行為だからな。個体としてますます孤立してしまう。お前が孤立感を感じたように、違う意味で子供も孤立感を感じている筈だ。よろしくないな。」

「どうすれば良いんですか、このあと……」

「まずは仲直りだよ。謝ったりしなくても、気持ちの上で仲直りしたいと思って接すれば伝わるさ。その上で、今後は相手に命令しないようにすることだ。自分の意志、思いを強要しないこと。波動レベルが低い状態でこれをしちまうと、まず間違いなくトラブる。さっきのお前とお前の子供の状態だよ。波動レベルが低い時は、ちょっとしたことですぐ感情的になるので、その状態で自分のエゴを強要すると、相手の波動と不協和音が生じる。これが喧嘩の原因だ」

「高橋さんの言っていることは分かるけど、そう言う時は波動レベルが下がっているからそうなる訳でしょう? どうすればそれを避けることが出来るんですか」

「こらえるんだよ。我慢するんだ、我慢。知ってるか我慢」

「知ってますよ!」

「とにかく、ぐっと一瞬でいいからこらえるんだ。ゆっくりと深呼吸でもして気持ちを落ち着かせるんだ。そうすることで下がっていた波動レベルが徐々に上がってくるから。そうすれば、こらえるのが楽になってくる。もう少しすると、さらに波動レベルが上がってくるから、そうなれば自分のエゴを相手に強要するような行動に出ることはないさ」

「なるほどね……まだまだ修行が足りないってことですかね……」

「まあそう言うことだ。日頃から愛のエネルギーに繋がることをもっと意識するといいぞ。それをくせにするくらいにな」

「愛のエネルギー？」

「自分が、より大いなる自分（トータルセルフ）に愛されているということを思い出すことだ。そして相手も同じエネルギーのなかにいることを感じることだ」

「そうすれば、喧嘩にもならないってことですね」

「分かってきたじゃねえか」

自分の波動レベルが下がった時に、様々なトラブルが起きてくるのだ、と言うことが分かった。愛のエネルギーに繋がることを意識して、自分自身の波動レベルを下げない努力が必要なのだと言うことも分かった。

今度喧嘩しそうになったら（その機会はすぐにでも来そうだが）是非試してみようと思う。

逃げてもいい～成り行きに任せる

「よう、来たな」

フォーカス27にある自分のスペシャルプレイスに行くと、高橋さんが声をかけてくる。まだなにも質問していないのに、唐突に話し始める。

「お前が肉体を持つ人間として生きている意味は、ひとえに感情を学ぶためだ」

「なんですか、いきなり」

「だって、おまえ、それが訊きたかったんだろ?」

別になにかを訊きたくてここに来たわけではなかった。いつもの習慣で、何となくフォーカス27にやって来ただけなのだが……

「おまえが生きている物質界では、良くも悪くもすべてが直接的な影響としてやりとりされる。おまえが何かをすれば、それは何らかの形でほかの人や物に直接影響を及ぼす。その直接的なやりとりから感情が生まれるんだよ」

「高橋さん、それ私が聞きたい話しなんですか?」

「まあいいから黙って聴けって。たとえば、おまえが冷蔵庫から氷を取り出して口に放り込むとするだろ。するとどうなる? 氷はおまえの口の中でとけていくよな。冷たいだろ? 暑い夏ならそれがすごく快感だが、冬だったら全身がぞくぞくするよな。口に入れた氷自体は単なる《刺激》だ。ただその刺激がどのような状況で与えられるかで、次に起こってくる《感情》が違ってくる。夏なら快感、冬なら悪寒」

何が言いたいのか、先が見えない。しばらく黙って話しを聴くことにする。

「そしてその感情によって、おまえは何らかの行動を起こすんだよ。その行動が刺激となって別の感情を生む。そして再び何らかの行動を起こす。この繰り返しのなかで、おまえはさまざまな感情を経験する。それが物質界で生きる意味だ」

「なるほど。それはよく分かりましたけど、じゃあ感情を学ぶ意味って？」

「感情を学ぶことで、本来の自分を発見することができるんだよ」

「本来の自分って…？」

「本来の自分は本来の自分だよ。感情を学ぶのは、ただ単に様々な感情があるということを知るのが目的じゃなくて、そこから本来の自分を見つけるためだ。本来の自分を追い求める課程で、様々な感情を体験する。感情はおまえが進むべき方向を指し示す羅針盤でもあるんだよ」

「羅針盤？どういう意味ですか」

「おまえが何か行動を起こして、それによってある感情を体験したとするだろ。それがワクワクするものなら、そのままそれに突き進めばいいが、なにか違和感を感じたり不快感を感じたりするような場合には、それはおまえの進むべき方向ではないことを示している」

「ああ、それで羅針盤というわけですね。でも、自分の進むべき方向じゃないと分かった場合にはどうすれば良いんですか？」

「どうすれば良いって、おまえマジで訊いてんのか？　避けて通るに来まってんだろが！」

「いやいや、私が訊いているのはどうやって避けるのかということなんですが」

「大きくはふたつある。ひとつは自分がその場から遠ざかる。人との関係ならその人との関係を絶つとか、会話を止めるとか、まあそんな感じだ。物との関係なら、その物を捨てるとか、目につかないところに片付けるとか、とにかくおまえに直接影響が及ばないようにするということだ。もうひとつは、その物ごととの関係を変える、という方法もある」

「関係を変える？」

「そうだ。不快感や違和感が消えるような形に変化するよう、何かをする」

「何か……って」

「それはおまえが考えることだよ。その場になって、おまえがどちらの手段をチョイスするか、その場から遠ざかるならそれも良し、関係を変えるなら何らかの方法がその場で思いつくから、いま心配することはない」

「なんとなく、その場から遠ざかるっていうのは逃げているようで……」

「そんなことはないぞ。逃げるんじゃなくて、おまえと相対する物との関係を変化させるんだよ。おまえのその『逃げる』っていう感覚はおまえの既成概念がつくりだしたものだ。おまえは今まで、物ごとに対し挑戦し続けなければならないという既成概念を持って生きてきた。何で挑戦し続けなくちゃいけないんだ?」

「いや、それは物ごとから逃げても、何も問題は解決しないから……」

「どうして?」

「どうしてって……逃げちゃダメでしょ」

「だからなんで逃げちゃダメなんだよ」

「だって逃げたって……」

「な、よくよく考えてみな。問題を解決しなきゃいけない理由なんてどこにもないんだよ。問題は解決するもの、というのはおまえが勝手に創った既成概念だ。おまえたちの社会が要求しているに過ぎないもので、絶対的なものじゃない」

「社会が要求しているなら、やはりそれは避けて通れないでしょう」

「なんで?」

「なんでって……私たちはその社会の中で生きているわけだから……」

「おまえが言っている社会っていうのは、おまえの周りに存在するだけのもので世の中すべてがそうというわけじゃない。例えばおまえが今日会社に向かう電車のなかで隣に座った人は、おまえとは全く違った社会常識をもって生きているかもしれないぞ。おまえに見えている範囲だけが世界じゃない」

「まあ、それはそうかもしれませんけど」

「いいさ、おまえが納得する選択をすれば良いんだから」


感情を学ぶことが、物質界に存在する大きな意味の一つである。

言われてみれば至極納得できる話である。人や物との関係の中で、私たちは様々な感情を体験する。そしてその感情によって様々な行動が生まれる。

だがよく考えてみれば、感情そのものは自分の価値観や方向性によって変化するもののように思う。

同じ出来事が起きても、向いている方向によって生じる感情は変わるだろう。

であれば、自分が（自分にとって）正しい方向を向いていることが、最も大事なことのように思えてくる。

正しい方向を向いてさえいれば、感情という羅針盤が正しい方向に導いてくれるということなのだろう。


今回は高橋さんが一方的に話してきたが、恐らく私にとって「聴く必要のある」重要な話しだったのだろう。どう重要なのか、良く分からないが。

立ちはだかる二種類の壁（既成概念の罠）

別の日に、こんなメッセージをもらった。

この日はいろいろな意味で相当疲れており、精神的にもかなり参っていた。

フォーカス27のスペシャルプレイスに行くと、例によって高橋さんが出迎えてくれた。

「よう、そうとう参ってるみたいだな」

「ええ、参っていますよ。いろいろなことで壁にぶち当たっていて、もうどうしたら良いんだか……」

「そんなに深刻になるなって。もっとシンプルに行こうぜ」

精神的に参っているせいか、高橋さんのこの軽さにイラっとする。

「だから、どうやってシンプルに行けばいいんですか」

「いいか、壁には二種類あるんだよ。乗り越えるべき壁と、行き止まりの壁だ」

「私の壁はどっちですか。どうやって見分けるんですか？」

「見分けるのは簡単だ。自分を信頼するだけでいい」

「自分を信頼するって……分かるように説明してくださいよ」

「例えばだ、壁にぶち当たるとするだろ、いまのおまえさんみたいに。その壁を目の前に、おまえがどう感じるかを観察すれば良いんだよ。その壁を乗り越えてでも先に進みたいのか、それとも心が折れてしまうのか。そのときの自分自身の感情に百パーセントの信頼を置くことで、その壁が乗り越えるべき壁か行き止まりの壁かが見えてくる筈だぞ」

「前に進んでいるときに壁にぶち当たると、そこで挫折するのは負け、みたいな気持ちになっちゃって、諦めるのは良くないと思っちゃうんですよね。それでがむしゃらに壁を乗り越えようと頑張るんです……」

「それはおまえが持っている、誤った既成概念のひとつだ。この間も似たようなことを話したよな、逃げることが必ずしも悪いことじゃないって。今回の壁の話しだって全く同じだぞ。壁を乗り越えるのを諦めることで、別の道が見えてくるということも良くあることだ。諦めることとは決して悪いことじゃない」

「でも、諦めるのは良くないという思いがあるということは、それが乗り越えるべき壁だと言うことを示しているんじゃないですか？」

「必ずしもそうではない。おまえのように、諦めるのは良くないことだという既成概念を持っているど、どんな壁が目の前に立ちはだかっても同じように乗り越えようとしちゃうんだよ。こんなことをしていても意味がないよな、とか思いながらも、諦めるのは良くないから乗り越えよう、と頑張ってしまう。乗り越えるのを諦めて迂回する、あるいは来た道を逆戻りすることで全く思いもよらない展開になることもある。そしてそれが、おまえの本来進むべき道だったりすることも多いぞ」

「多いんですか」

「多い。だから、迂回させるために出現した目の前の壁を、がんばって乗り越えちまうと、また別の壁が立ちはだかってくることになる。なぜなら、乗り越えて進んでいくのは本来おまえの進むべき道じゃないから、迂回させるために別の新たな壁が現れてくるんだよ。勇気を持って諦める、迂回することも、時には大切なことだぞ」

「だんだん分からなくなってきましたよ。結局どうやって見分ければ良いんですか」

「単純に成り行きに任せれば良いんだよ。深く考える必要は全くない。自分のそのときの感情を百パーセント信頼して、より気持ちの良い選択をすればいい。壁を目の前にして、気持ちが奮い立つのであれば乗り換えていけば良いし、なんか面倒くさいな、と思うなら迂回すれば良い」

「そんなアバウトで良いんですか」

「ほら出た、おまえの既成概念。おまえ、アバウトが悪いことだと思っているだろう。成り行きに任せるというのは、どんな思考よりも正確だ。なぜなら成り行きというのは宇宙が決めた道筋のことだからな。自分の純粋な思いや感情は、実は宇宙の意思であることを忘れるな。その場の自分の感情で行き当たりばったりに進んでいくのは、実は宇宙の意思に従って進んでいくのと同じことなんだよ」

「なるほど……やっと分かってきました。自分の感情に従うということは、宇宙の意思に従うということなんですね」

「だからさっきから言ってるだろうが。おまえ自身の感情を百パーセント信頼することだ。難しいことなんて何もないぞ。アバウトは宇宙の意思だ」


成り行きに任せる。

これは宇宙の意思に従うことだということが分かった。

言葉は悪いが、自分の感情の赴くままに、適当に生きていけばいいのかもしれないなと思う……

瞬間移動、しちゃう？

ヘミシンクのCDに「ゴーイングホーム」というタイトルのものがある。

これは複数枚のCDから構成されており、いわゆる終末期を迎えた患者の意識をスムーズに向こう側の世界に移行するのをサポートする目的で制作されたものである。

その中のセッションひとつに「フリーダム・フライト（自由遊泳）」というのがある。

タイトルからも分かるとおり、このセッションの目的は「自由に空を飛び回ること」である。

私はこのセッションが好きで、疲れたときなどはこれを聴いて自由に大空を飛びまわる。雲を突き抜けて上昇していき地球を俯瞰する、海面すれすれに滑空しイルカの群れを追いかける、大きく宙返りしてみる……とても気持ちの良いCDである。

ここでは、このCDを聴いていたときの体験をご紹介したいと思う。


ナレーションに従い、ゆっくりとフォーカス10まで移動。

その後、意識を拡大しフォーカス12へ。

あとはひたすら空を飛ぶだけである。

雲の合間を縫うように飛んでいると、ユーカリさん発見。空中にフワフワと浮いている。

「あ、ユーカリさん！」

「楽しそうじゃない。一緒に飛ぼうよ」

そういうと、ユーカリさんは勢いよく雲の向こうに飛んでいく。

私もユーカリさんの後を追いかけて、しばらく一緒に空中を飛び回る。

大きく、小さく宙返りしたり、高い所から一気に街並みすれすれまで急降下したり。

すごく楽しい。

ユーカリさんが話しかけてくる。

「瞬間移動、やってみる？」

「え！ そんなこと簡単に出来るんですか？」

「出来るかって、キミいつもやってるよ。気付いてない？」

そう言うとユーカリさんは、突然私の目の前から姿を消し、50メートルほど離れたところにフッと現れた。

「ここまでおいでよ」手招きしている。

意識をユーカリさんの近くに集中する。

身体が素早くユーカリさんの前まで移動するのが感じられる。

「今のじゃダメだよ。瞬間移動になってないじゃん。ただ速く飛んできただけじゃない。もう一度」

そう言うと、再びユーカリさんは50メートルほど遠くに一瞬で移動。

もう一度、ユーカリさんに意識を集中する。

今度は自分が移動するのではなく、ユーカリさんが自分の目の前にいるのをイメージしてみる。

気付くと、目の前にユーカリさんがいる。

「出来たじゃない。」

どうやら、自分が移動するイメージをすると、意識の移動も物理的な速度を伴うらしい。

それに対し、移動するのではなく、既にそこにいるようなイメージをすることで、意識が瞬間的に移動するようだ。

「今の瞬間移動のコツを覚えておくといいよ。そうすれば、自分が行きたい場所をイメージすることで瞬間移動出来るようになるから。これから宇宙とか、もっと広い世界に探索に行く時には、この瞬間移動のテクニックは必須だからね。繰り返し練習するといいよ」

どうやらユーカリさんは、非物質界での行動面でのノウハウを私に伝える役割があるようである。今後の探索に必要なテクニック「瞬間移動」を教えてもらった。

別の日、フォーカス27にあるスペシャルプレイスに行くと、高橋さんとシンガスさんがいた。

実はこの数日前、私が体験を公開しているブログの読者であるJさんからメールをいただいた。Jさんは私のブログに頻繁に目を通していただいているようで、コメントもよくいただく。

Jさんからのメールを読むと、なんとJさんはフォーカス27に行った際、私のスペシャルプレイスを訪れたのだそうである。そして私のガイドたちと遊んだ、というエピソードが書かれていた。

そのことを高橋さんに訊いてみようと思う。

「よう、来たな」

「高橋さん、先日、Jさんが遊びに来たって言ってましたけど……」

「ああ来た来た。金髪の美人ガイドと一緒に来て泳いでいったよ。随分とはしゃいで帰ったぞ」

「え、いちばんはしゃいでいたのは高橋さんだって聞いていますけど」

「ち、ばれたか」

「何なんですか、イルカに仁王立ちって……」

遊びに来てくれたJさんによると、高橋さんがイルカの背中に仁王立ちして海の上を縦横無尽に動き回っていたそうである。

「あれはお前、せっかくJたちが遊びに来たんで、俺なりのサービスだよ、サービス」

「とか言っちゃって、自分が一番楽しんでたんでしょ」

「当たり前だ。俺が楽しまなきゃ、他の連中を楽しませることなんか出来っこないだろう。意識はみんな繋がってんだ！」

「そうですね、はいはい」

「ところで、おまえ最近シンガスと頻繁につるんでいるな」

「え、そんなことないですよ。このあいだユーカリさんとは一緒に空飛んで遊んだけど、ここしばらくシンガスさんとは会っていないですよ。つるんでいた記憶が全然ないんですけど……」

「それは俺じゃなくて、直接シンガスに聞いてみなよ」

丸テーブルを挟んだ正面にいるシンガスさんに意識を向ける。

「いつも一緒よ」

やけにあっさりと言ってのける。

「え、いつもって、ここしばらく会っていませんよね」

「あなたが物質界で生活している時は、いつも私が一緒にいるの。物質界なんで、あなたにはその意識はないはずよ。でもいつも一緒にいて、いろいろとサポートしてるから」

「え、そうなんですか。サポートって、何をしてくれているんですか？」

「基本的には何もしていないわ。私があなたをコントロールしている訳じゃないから。ただ、あなたが物質界で危険な状況になりそうな時は、そうなる前に、より安全サイドに導くようにしている。平たく言えば、あなたを守っているの」

「シンガスさん、私の守護霊なんですか？」

「守護霊、という表現が適切かどうかは分からないけど、そう言う役割がガイドにはあるのよ」

「そうなんですか。有り難いなぁ……」

「でしょ？もっと感謝しなさい」そう言ってシンガスさんは屈託なく笑った。


ここでガイドについて考えてみる。

ことあるごとに、彼らに導かれ助けられながら、非物質界を探索してきている。その過程でさまざまな気づきを彼らから得ることができるのは、この上ない幸せである。

3人のガイドにはそれぞれなにか役割分担があるのだろうか。以前、一度訊いたことがあるが、その時には「似たような役割」だということだった。

似たような役割とは言うものの、やはり多少は違うのだろうなと思う。でなければ、3人も必要ないではないか……そこのところをガイドたちに直接訊いてみる。

それぞれのガイドにはちゃんと役割がある

いつものとおり、フォーカス27にある自分のスペシャルプレイスに行く。テラスの丸テーブルに、いつも通り3人のガイドがいる。向かって左が高橋さん、正面がシンガスさん、そして右がユーカリさんである。

今日は主にシンガスさんと会話をしようと思う。

「それぞれのガイドの役割って何ですか？　前に訊いた時には似たような役割だって言うことでしたが、やっぱりそれぞれ違った役割があるんでしょう？」

「そうね。まず似たような役割と言ったのは、3人ともあなたの属するI／There（より高次の存在としての自分という意味で、トータルセルフとかハイヤーセルフと呼ばれる存在と同意。ロバート・モンローはこれを向こう側の自分という意味で《I／There》と呼んだ）のメンバーであり、あなたを支え、助ける役割を負っているの。その点では似ていると言えるわ。細かく違いを言うとね、高橋さんはあなたの考えに対して様々なガイドをするのが主な役割。そしてユーカリはあなたの行動面での手助けをするのが役割」

「なるほど。そう言われてみれば、水面を歩いたりとか、空を飛んだりする時にはユーカリさんが一緒だ……それに何か分からないことがあって質問をする時は、大抵は高橋さんにすることが多いかな……」

「でしょう？　あなた自身もちゃんと私たちの役割を無意識に分かって使い分けているのよ」

「その２人の役割は分かりましたけど、シンガスさんの役割は何なんですか？」

「私はあなたの感情面についてサポートするのが主な役割」

「感情面ですか？」

「そうよ。あなたが様々な出来事に接した際に感じるものを、よりあなた本来の感情に近づけるように手助けするの。感情にはとても大きなパワーがあるのよ。あなたの感情ひとつで、あなたの考え方、行動まで大きく変わってしまう。それによって、今後のあなたの進むべき道も変わってしまう可能性があるの。だから、あなたの本来進むべき道から大きくずれないように、手助けしているのよ。あなたにネガティブな感情が芽生えた時に、下がる波動を元の波動に戻せるように、ほんのちょっとだけ手助けするの。例えばあなたがもの凄く落ち込んでいる時に、それを和らげてくれるような出来事をセットしたりするのよ」

「例えばどんな？」

「そうねぇ……最近の例だと、あなたが上司に思いやりのある報告をしたでしょう？　その時、上司はあなたに感謝の言葉を投げかけてきたわよね」

「ああ、先週の金曜日のことですね。普段は礼なんか滅多に言わない上司なのに、どうした風の吹き回しだろう、とか思ったたっけ……」

「その時、あなたはどんな気持ちだった？」

「何となく嬉しかった。やっぱり人から感謝されるって言うのは嬉しいですよ」

「そういうちょっとした変化が、あなたの感情面をチューニングするの。そのために私がするのは、あなたの感情を元に戻すために、ちょっとしたきっかけを与えるだけ」

「なるほど……実は３人とも全然違った役割を持っていたんですね」

「こういう風に言葉にしてしまうと全然違った役割のように感じるかも知れないけど、でもあなたをあなた本来の進むべき方向に導く手助け、という意味では３人とも同じ役割とも言えるわね」


３人のガイドは、それぞれ違った役割を担っていることが分かった。そして、３人とも私にとって不可欠な存在だと言うことも、よく分かった。

高橋さん：思考面
シンガスさん：感情面
ユーカリさん：行動面

もちろん、その場の状況で臨機応変に役割を変化させることもあるのだろうが、基本はちゃんと役割が決まっているらしい。

私はガイドたちに守られ、助けられながら生きているということがよく分かった。

これからもよろしくお願いしたいものである。

ね、高橋さん、シンガスさん、ユーカリさん！

4人目のガイド登場

3人のガイドと非物質界を探索したり、自分にとって大切なメッセージを受け取ったりしながら、私はある意味、充実したヘミシンク・ライフとでも言うべき日々を送っていた。

　非物質界で接触していたのはガイドだけではなかった。これまでにもご紹介してきたが、いわゆる死者とのコンタクトや、自分の過去世、より高次の存在としての自分（トータルセルフとかハイヤーセルフと呼ばれる存在。ロバート・モンローはこれを向こう側の自分という意味で「Ｉ／Ｔｈｅｒｅ」と呼んだ）とも繰り返しコンタクトしていた。これらさまざまな存在たちとのコンタクトが出来るようになっていったのは、毎日のようにヘミシンクを聴いていたことと、機会を見つけて多くのセミナーに参加していたおかげだと思っている。

　日々、家でクリックアウトと戦いながらヘミシンクを聴き、さまざまな体験をする。セミナーに参加して、より高次の存在とのコンタクト方法を知る。さっそく家で繰り返し練習する。この繰り返しが楽しくてしかたがなかった。

　そんなある日、彼は唐突に私の前に姿を現した。


　その日私は、より高次の存在とコンタクトしたいと思い、ヘミシンクＣＤを聴き始めた。最初はいつもどおり何もない暗闇が私の目の前に拡がっているだけだった。やがて薄ぼんやりとした闇の中から、ひとりの男性が現れた。

「やあ、こんちわ」気楽な感じで声をかけてくる。毬栗《いがぐり》頭の、高校生くらいの少年である。顔がはっきりと見えたわけではないが、黒い学生服を着た、なんとなく昭和な感じがする少年だ。

「キミは誰？」

「誰ってことはないだろ、あんたのために来たのに」

「……てことは、I／There？」

「あははは、あんた面白いね。この僕がI／Thereにみえる？」

ちょっとムッとする。分からないから訊いたのに。

「I／Thereじゃないなら、誰なんだい？」

「まあ、I／Thereの一部って感じかな」口の利き方が、なんとなく横柄である。

「じゃあ、キミは私のガイドなの？」

「え、なんか淀んだ雰囲気を感じるんだけど。僕じゃ不満てこと？」

「いやいやいや、不満なんて思っていないよ。でもちょっと意外な感じかな」

「なにが？」

「その風貌がさ、なんで毬栗《いがぐり》頭の少年なのかな、と思って……」

「なに言ってんだ、あんたがそうイメージしたからだろ。僕のせいじゃないからね」

このセリフ、高橋さんと会ったときにも聴いたような気がする。

「でもなんで、いま新しいガイドなの？」

「なんでだろうね、どうでもいいじゃん、そんなこと」

ぶっきらぼうである。何となく生意気な感じもするが、まあいい。

「で、新しいガイドくん、君の名前は？」

「名前なんてないよ。そんなものこっちでは必要ないからね」

「でもそれじゃ私が嫌だから、勝手に名前を付けさせてもらうけど、いいかな」

「どうぞ、ご自由に」

「じゃあ、君の名前は……熊田くんだ」

「く、くまだ……？　なんで僕が熊田なんだよ？」

「なんとなく、そんな感じがしたからさ。名前なんてどうだっていいんだろ？」

「まあ、そうだけどさ。じゃ熊田でいいよ」さっそく熊田くんに質問をしてみる。

「熊田くんに質問してもいいかな、ガイドなんだろ？」

「ああ、いいよ。何でも訊いてくれよ」

「じゃ訊くけど、（内容が個人的なことのため詳細については公表を控えさせていただくが、ある出来事を先延ばしにしたことについて聴いてみた）」

「なんだ、そんなことか」

「そんなことかはないだろ。結構深刻なんだぜこっちは」

「大丈夫だよ、何も心配いらないよ。ぜんぶ完璧だ」

「え、だって先延ばしにしたんだよ。それがなんで完璧なんだい？」

「今がそのタイミングじゃなかったってことだよ」

「どうして？　最高のタイミングだと思ったんだけど」

「物ごとはすべてあんたが決めたとおりになる。だけどそうなるためには必要なプロセスってもんがあるんだよ。大人なんだから分かるだろ？」

言い方にカチンとくる。

「熊田くんのその言い方、なんかトゲがあるな」

「そんなことないよ。気にするなって」

「気にするよ、生意気な感じだし」

「気にするなって」

「気にするよ」

「気にするなって」

なんだか子供同士の言い合いのようになってしまった。途中でバカバカしくなる。

「……まあいいや。で？」

「あんたが今回のタイミングでそれをしようとすれば、出来ないことはなかったと思うよ。でもそのために事前にしておくべきことがいくつかあったんだ。それをしておかないと、あんたが今回考えていたタイミングでそれをすることは出来ないんだけど、あんたはそれをしなかったろ」

思い当たるふしがあった。だがそれには私も反論がある。

「しなかったんじゃなくて、出来なかったんだよ」

「だろ？　だからタイミングもずれたんだよ。それだけだ。なにも不思議はない」

「だって、今回のタイミングでそれを全てこなすのは時間的にも無理だよ」

「それは今のあんたにとって、だろ。違うあんたなら、出来たかもしれないよ」

そういうことか。まだ覚悟が足りない、と言いたいわけか……

「覚悟が足りないって、そういうこと？」

「そんなストレートな言い方はしてないよ僕は。あんたの生きる物質界ではものごとを順を追ってやって行かなきゃならないから、どうしても時間がかかることになるのさ。どのくらいの時間がかかるかはその人が決めることだけど、今回のことでは、あんたが決めた時間内でそれをこなすのは、今のあんたにはちょっと無理があった、ってことかな。もう少し時間が必要だ、ってこと」

「だから今回は先延ばしになったってこと？」

「そうそう、それだけのこと。でもそれもあんたの決めたことだろ？」

「……まあ、そう言われればそうだけど」

「なにも変わっていないよ。目標が先に伸びただけで、達成できなくなったわけじゃないし。もう一度、達成する期限を決めればいいだけだよ」

「あとどのくらいかかると思う？」

「それは僕が答えることじゃないな、あんたが決めることだ。でも、今あんたが考えているくらいなら、何とかなるんじゃないの」

暗に自分の心の中を見透かされた感じだ。

「熊田くん、キミ、見た目は生意気だけど、すごく良いメッセージをくれるね。今の私にとって、今回キミがくれたメッセージはすごく重要な気がするよ」

「だろ？良いこと言うんだよ僕」

「もう一回、仕切り直してみるよ」

「ああ、あんたならこの次は大丈夫だと思うよ」

「ありがとう、感謝するよ」

その後、ＣＤの終わりに合わせ覚醒。

新しいガイドの登場である。

例によって、変わった感じの「熊田くん」だ。

敬語を使わず気楽に会話できるガイドというのは初めてである。少々生意気ではあるが、気楽に話せるのが良いなと思う。

それ以来、フォーカス27にある自分のスペシャルプレイスに行くと、いつものガイド3人に熊田くんも加わるようになった。私のスペシャルプレイスは4人のガイドの集会場となっているようだ。

熊田くんの役割はなんだろう。高橋さんは私の考えに対してさまざまなアドバイスをくれるのが役割、ユーカリさんは私の行動面、シンガスさんは感情面をサポートする役割があるという。熊田くんに直接訊いてみたが、答えてくれない。自分で考えろ、ということかもしれないが、いまだに彼の役割が良く分からない。

それでも熊田くんは私のガイドであり、大事な場面ではいろいろな形で手助けをしてくれている。それだけでもありがたいことである。

ここでもうひとつ、熊田くんとのやりとりをご紹介したいと思う。

生意気だけど、良いこと言うよな

フォーカス27のスペシャルプレイスに行くと、熊田くんがいる。他のガイドの姿は見当たらない。

「あ、熊田くん」

「あ、じゃないよ。なんか不満そうだよね」

「いやいやいや、そんなことないよ。ただ他のガイドはどうしたのかな、と思っただけで……」

「いるよ、こっちこっち」

声のするほうを見ると、シンガスさんとユーカリさんがいる。が、高橋さんが見当たらない。

訊くと、高橋さんは今日は仕事だと言う。なんの仕事だろう。そもそも高橋さんの仕事って、私の非物質界での知覚をサポートすることなんじゃないの？

まあ、非物質界にもいろいろと事情があるのかもしれないな、と妙な納得の仕方をする。

「で、今日は何の用？」

熊田くんの不躾な質問に若干むっとするが、まあ子供の言うことだからと、これも妙な納得の仕方をする。

「この間、フォーカス15に行って自分の将来について願望設定をしてきたんだけど、次に何をすればいいのかと思って」

「次に何をすればいいのか、を考えればいいのさ」

「いや、だから次に何をすればいいのかを知りたいんだけど」

「だから、次に何をするかを考えればいいんだってば」

「いや、だから」

なんだか禅問答のようになってきた。質問の仕方を変えてみる。

「願望を設定して、非物質界でその思いを手放したんだけど、その後はただそのことを忘れて日常を生きていくだけでいいの？」

ヘミシンクのセミナーでは、願望を設定したあとはその願望を手放し解放することで、それを宇宙が受け止めて具現化の方向に動き出す、と教わる。だが願望を設定し手放すだけでいい、と言われても、何となく不安な感じがしてしまう。

「願望そのものについては、もう設定されたから思いあぐねる必要はないよ。ただ、あんたの願望だから、願望そのものを完全に忘れるのは難しいだろ？　忘れるんじゃなくて、無理に意識せず、次に何をしたら良いのかを考えるのさ。いろんなことがあると思うけど、その中で何をしたらいいかを決めてそれを行動していく。ただひたすらそれを繰り返す」

「何をすべきかを考えると、幾つも出てくる時はどれを選べばいいの？」

「いちばんやるべきことはあんた自身が分かってる筈だからそれをやればいい」

「分かってるの？　私が？」

「そう。何からすればいいか迷ったら、楽しいこと、ワクワクすること、自然にできることなどの判断基準で比較してみれば、何をやればいいか簡単に分かるさ」

「なるほど。今やるべきことは……」

考えてみると、ひとつの事柄が頭に浮かんできた。

「ね、やるべきことはあんたがちゃんと分かってるって言ったろ？　次はそのためになにをやるかを考えてみると良い」

次にやること……幾つかのことが頭に浮かぶ。さてどれをやるべきなのだろうか。

「さっき言ったろ？　楽しいこと、ワクワクすること、自然にできること」

なるほど、と思う。

「そうやって決めていけば、横道にそれることなく思いは叶っていくよ」

相変わらず不躾で生意気な感じの熊田くんだが、必要なアドバイスはちゃんとくれる。

さすがはガイドである。

だが、熊田くんといい、高橋さんといい、なぜ私のガイドはこういうキャラなのだろう？

他の人のガイドは神様のようだったり妖精のようだったりドラゴンだったり、なんとなく近寄りがたいところがあるが、私のガイドたちはなんとも人間臭くて身近な存在である。

実はそこが気に入っているのだが。

I／Thereとコンタクト

ガイドたちにサポートしてもらいながら、さまざまな存在とコンタクトを試みてきた。

その中で、I／Thereとコンタクトすることで、多くの気づき、学びを得ることになった。I／Thereというのは「向こう側の自分」という意味で、より大いなる自分とでも言うべき存在のことだ。すべての過去世の自分と現世の自分の集合のこと、と定義されている。

ロバート・モンローは「I／There」と呼んだが、それ以外にもトータルセルフ、ハイヤーセルフなど、さまざまな呼び方がある。

坂本さんによれば、非物質界では時間概念がないことから考えると、I／Thereには未来の自分も含まれるのではないか、と言う。要はすべての自分の集合体がI／Thereということなのだろう。

I／Thereには非常にたくさんの自分の側面が統合されており、ガイドもI／Thereを構成するメンバーの一部なのだという。

ということは、高橋さんや熊田くんも私の側面、ということなのだろうか。ちょっと複雑な気分がしないでもない。

それはともかく、ガイドたちの力を借りてI／Thereとのコンタクトを試みたところ、これまた興味深い体験が私を待っていたのだ。ここからは、I／Thereとのコンタクトから得た、さまざまな気づきや学びについてご紹介していきたいと思う。

なぜか両国国技館

いつものとおりフォーカス27にある自分のスペシャルプレイスに行くと、ガイドたちがたむろしていた。Ｉ／Ｔｈｅｒｅにコンタクトしたいというと、シンガスさんが一緒に来てくれるという。シンガスさんと宙に浮かび上がるようイメージすると、目の前の光景が変化してきた。

両国国技館のような場所が見えてくる。

自分は枡席にあぐらをかいて座っている。

中心の、国技館なら土俵のあるべき場所に土俵はなく、なぜか透明なガラス張りの床になっている。透明なので下が透けて見える。ガラス越しはるか下のほうに、地球が小さく見えている。この状況から考えるに、ここは地球上ではなく、宇宙空間ということになる。

宇宙空間に国技館が浮いている……そう考えるとなんともシュールな感じだ。

先人たちの体験によると、Ｉ／Ｔｈｅｒｅがロート状だとか、すり鉢状だとか喩えていた人がいたが、私に見えているのは国技館のような場所なので、印象としては近い感じがする。丸か四角かの違いはあるが……

中央の透明な床の周りには枡席がぐるりと取り囲んでいる。

すべての枡席には人が一人ずつ座っている。

なんとその中に、高橋さん、シンガスさん、ユーカリさんもいる！

そうか、この枡席に座っているのはＩ／Ｔｈｅｒｅを構成する存在たちなんだ。

そしてこの国技館のような場所そのものがＩ／Ｔｈｅｒｅということか。

枡席の上部のほうに座っている人影が黄色く光って見える。

誰だろう……コンタクトをとろうと思うが上手くいかない。

その後、意識が怪しくなり、クリックアウト。


今回のセッションで、I／Thereの全体像のようなものがなんとなく分かった気がした。I／Thereは国技館のような形をしていた。そしてその周辺を取り囲むように、たくさんの自分の側面らしき存在が集まっていた。

その中には、いつも非物質界の探索を手助けしてもらっているガイドたちも含まれていた。

それらすべてが統合されたもの、それがI／Thereということだろうか。

まだまだ分からないことだらけなので、引き続き探索を繰り返すことにする。

イメージでは国技館のような施設が見えたりしたが、結局のところ私とI／Thereの関係性について、いまひとつ理解しきれていない。

こういうときは、直接I／Thereに訊いてしまうのが一番である。

ヘミシンクCDを聴きながら、国技館をイメージする。徐々に国技館のような施設がイメージの中に浮かび上がってくる。

実はこれは一息法と呼ばれるヘミシンクのテクニックの一つである。

いままでに訪れたことのあるフォーカスレベルについて、そのときの記憶を呼び戻すことで、瞬間的にそのフォーカスレベルに意識をシフトすることが出来る。

セミナーでは「ゆっくりと息を吸い込み、訪れたいフォーカスレベルを思い出しながら息を吐くと、そのフォーカスレベルに移行できる」と教わる。似たような方法にPICコード（Personal Identification Code の頭文字をとってPICコード）というものがあるが、これは訪れたフォーカスレベルに「目印」になるものを置いてくることで、次回そのフォーカスレベルを訪れる際に、置いてきた目印を思い出すことで瞬時に移行する。私の場合、フォーカスレベルのイメージそのものを目印として代用しているので、そういう意味ではPICコードを用いた瞬間移行といえるかもしれない。

国技館のような施設の中央部分に立ち、I／Thereに話しかける。

「I／Thereさん、いますか?」

「さんは付けなくても良いよ」

「すいません、なんて呼んで良いのか判らなかったもので」

「で、今日は何を知りたい?」

「私とI／Thereとの関係が知りたいです」

「オーケー。じゃ、まずはおさらいから。キミが知っていることを再確認するよ。キミは私の一部で、物質界における様々な体験から得た情報を私に送っている。私はキミみたいな存在をたくさん持っていて、たくさんの情報を得ている。私の一部は物質界だけではなく非物質界や別の星にも存在しており、それらからも同じく情報を得ている。入ってくる情報量は半端じゃない」

「はい、ここまでは先人たちの著書などを読んだりセミナーに参加したりして聞いているので知っています。でもそんなにたくさんの情報を集めてどうするんですか」

「私は、さらに大きな存在の一部として情報を集めているんだよ。君たちがI／Thereクラスターと呼ぶ存在の一部としてね。I／Thereクラスターから見れば、私は彼の一部に過ぎない。ちょうどキミが私の一部であるのと同じように。そして、I／Thereクラスターはさらに大きな存在、I／Thereスーパークラスターの一部なんだよ。この辺も知っているよね。こうして順繰りに関係が続いているのさ」

「どこまで続いているんですか?」

「どこまでだろうね、私には判らない。7～8代は遡れるんじゃないかな。私に判るのはその辺までだけど、その先もあると思うよ。ここまではいいかな」

「はい」

「私のチームの一員としてキミは今、物質界を探索している。多くのチームの仲間と連携しながらね」

「チームの仲間？　いわゆるソウルメイトのことですか？」

「まあ、そう言っても良いが、もう少し広い意味のチームのことだ。キミの属するチームの仲間はお互いに協力し合って物質界の様々な体験をし、それを私に送ってくる。その体験の過程で、必要に応じてお互いに影響し合っているんだよ。キミの奥さんや子供、両親などとは愛を体験するために様々に影響し合っている。この関わり合いは互いに影響が大きいし、学ぶべきことも多いから、時には夫婦、時には親子、時には兄弟や親友などの関係で何度も同じ時代を生きてさまざまな学びを体験するんだよ。キミの言うソウルメイトとは、これらのメンバーのことだね。でも、私のチームという意味では、もっと多くのメンバーがいるんだ。例えば、キミの会社の同僚のW君も同じチームだよ」

「え！　彼もですか。別にそんなに親しい訳でもないですけど……」

「でもキミは彼との交流の中で、彼の自分本位で身勝手な考えや発言が妙に気になるだろう？　気になると言うよりも鼻につく、といった感じかな？　彼との関わりを通じて、キミはキミ自身の中に同じ気質を感じ、それを何とかしようと努力する。そういう思いに至る過程で、彼の存在はキミにとって絶対に必要なのさ」

「それだけのためですか？」

「そういうちょっとした気づきを助ける存在も、私のチームには大勢いるよ。キミも他の人からするとそう言う存在だったりするんだよ。みんなそうさ」

「なるほど。あなたのチームはどのくらいの数がいるんですか」

「君が思っている以上に多い、とだけ言っておこう。別に数は大した意味を持つものじゃないからね。物質界以外にも私のチームは大勢いるよ。キミのガイドの高橋、シンガス、ユーカリ、そして熊田も私のチームの一員だ。キミの体験を全面的にバックアップするという意味では彼らもキミのソウルメイトと言えるだろうね」

「そうか……ソウルメイトは物質界だけにいる訳じゃないんですね」

「キミの理解を助けるために、物質界、非物質界と分けて話しているけど、そもそもそんな区別はなくて、ひとつの世界だからね。物質界に生きる人間が非物質界を知覚出来るようになれば、そのことが理解出来るんだけどね。これから、まさに物質界と非物質界の境界が曖昧になっていくわけで、キミはそれを推進するメンバーなんだよ」

「え！　そんな重要な役割を担っているんですか」

「だって、キミの人生の目的は非物質界の存在を物質界に広めることなんだろう？」

「……そうか、そうですよね。そう考えると確かにそう言うことになりますね」

「この時代に生まれてきている人たちはみんな、多かれ少なかれキミと同じ役割を担っているんだ。世界が変化していく、それを推し進めていくための重要な役割をね。だがその役割に気付かない人が大多数だけどね。だから、キミみたいに役割に気付いた人がひとりでも多くの人たちの気づきの手助けをする必要があるのさ。大いに期待しているよ」

「もちろん頑張りますが、あらためて言われると緊張するな……手助けは必要だと思いますので、そこのところはどうかよろしく」

「心配しなくても大丈夫だよ。必要な手助けはちゃんとするから。私だけじゃなくて、ガイドたちも全面的に協力するよ。また、何か困ったことがあったら、いつでもここに来て私に相談するといい。遠慮はいらないよ」

「ありがとうございます。そう言ってもらえると心強いです」

「当然だよ。キミは私の一部だからね。でもこれは忘れてもらうと困るけど、キミの世界は物質界で、そこに生きている人たちの多くは非物質界についてては知らない（気付いていない）し、理解も出来ないということをしっかりと認識しておくように。いろいろな場面で、そのことがキミの活動の足を引っ張ると思うけど、それも必要な経験だと思って楽しむといい。そうするうちに、非物質界の存在に気付く人が少しずつ増えていくから」

「分かりました。やれるだけのことはやります。だから手助けのほう、くれぐれもよろしくお願いしますね」

「もちろんだ。約束するよ」

同じＩ／Ｔｈｅｒｅの仲間、という概念を少しだけ実感できた気がする。

多くのメンバーが互いの意識の成長のために影響し合っていると言うことが判った。

自己主張と協調

Ｉ／Ｔｈｅｒｅとコンタクトするようになり、私のヘミシンク・ライフはますます楽しいものになった。

私のスペシャルプレイスに入り浸っている４人のガイドたちのように、明確に姿形を認識することは出来ないが、私が知りたいと思う事柄については的確な答えもしくはヒントをくれる。

引き続き、Ｉ／Ｔｈｅｒｅとの体験をご紹介したいと思う。

I/There（国技館）をイメージし、I/Thereと会話がしたい、と心の中で思う。

I/Thereがそこにいる感じはしないが、何やらイメージが見えてくる。人との関わり合いについてのイメージのようである。モヤモヤとしていて、良く分からない。

情報が私の頭に直接流れ込んでくる。それは一瞬のできことで、すとん、という感じで入ってきた。そしてその瞬間「あ、そういうことか」と分かってしまった。

その内容を言葉にすると次のようになる。

我を通す（自己主張する）のは意識の結びつきを個々に分離していく方向のエネルギーのため、対立（争い？）を生む。

それに対して、協調（思いやり、譲り合い）の考え方は、個々に分離している意識をひとつに繋ぎ合わせる。

相手のことを考え、相手にとって気持ちのよいことをすることは、相手に愛のエネルギーを送るのと等しい。これが相手に伝わり、互いの意識が繋がっていく。

物質界に生きている私たちが、こういう気持ち（意識）で行動すると、個々に分離していた意識が少しずつ繋がっていくため、非物質界への移行をよりスムーズに進める原動力になる。

逆に、自己主張は、意識を分離させるため争いに繋がりやすい。

自己主張そのものは、個として存在する物質界において様々な学びを与えてくれる貴重なものであり、決して悪いことではないのだが、お互いの間に相手の主張を理解しようとする意識が必要である。

お互いの主張を理解し合うことで、本当の意味での協調が生まれる。

……とまあ、こんな感じの情報が入ってきた。

セッションの後、得た情報をまとめている最中にも、次々とイメージ（というか考え）が湧き上がってくる。

芸術は自己表現（自己主張）だが、受け止める側がそれを理解しようとすることで、意識の共鳴が起こる。それが受け止める側の意識に影響を与え、様々なムーブメントが起きたりする。それが音楽であれ、アートであれ、演劇であれ。

ジョン・レノンの名曲「イマジン」などは音楽を聴いた多くの人々の心をつなげる役割を果たしたし、フェラ・クティ（ナイジェリアの国民的ミュージシャンで、音楽を通して国内政治や国家の弾圧に抗議した。それが原因で国家から迫害された）は逆に対立を生んだ。

どのような状況においても、お互いを理解しようとする気持ち、すなわち愛のエネルギーを送ることが全ての基本なのだ、ということが今回のセッションで得られた体験である。

　こういうメッセージが届く、ということは、今の私は自己主張しすぎということなのだろうか。あまり自覚はないが、この機会に自分を見つめ直してみようと思う。


　翌日、この続きを体験する。

　私としては、続きを体験するつもりはまったくなかった。なぜなら私の中では体験から得られた情報は十分に理解できたと思っていたからである。

　この日はＩ／Ｔｈｅｒｅから、今の自分にとって重要なメッセージを受け取りたいという思いをもってセッションを開始したに過ぎなかった。

　ところが、体験の続きが始まったのだ。

「キミは昨日、全体と個体について貴重な学びを得たね」

「全体と個体？　ええと……ああ、自己主張と協調のことですか？」

「そう。あれは全体の中における個体のあり方について、全体の中の個体同士の関係についての学びだよ。それについてはキミの中で十分に消化出来ているかな？」

「と思います」

「オーケー、じゃ今日はその続きだ。キミはキミ自身であるとともに、Ｉ／Ｔｈｅｒｅ、つまり私の一部であることは知っての通りだが、私もより大きな存在の一部に過ぎない」

「それはＩ／Ｔｈｅｒｅクラスターのことですか？　その辺の説明は以前にも聞きましたけど……」

「そうだね、今日はそれを実際に見せてあげようと思ってね」

「是非見てみたいです！」私は一も二もなく食いついた。

「じゃあ、そのまま心をフラットにして、何でも受け入れるようにして」

心を落ち着かせるように静かな深呼吸を数回繰り返す。やがて、いつものとおり両国国技館の枡席のイメージが見えてくる。

だが今日は枡席が四角ではなく、丸く同心円状に並んでいる。中心に行くに従って段々と低くなっている、いわゆるスタジアムのような形状。

取り囲むようになっている観客席の所々に見知った顔が見える。

私の属するＩ／Ｔｈｅｒｅのメンバーたちだ。やがてイメージ（自分の視点）が上空からのものに変化する。斜め上空からＩ／Ｔｈｅｒｅの全体像を眺めている感じ。大きなスタジアムをヘリコプターから見ているような感じの見え方だ。

さらに視界が拡がり、Ｉ／Ｔｈｅｒｅから離れていく。

Ｉ／Ｔｈｅｒｅがどんどん小さくなってゆく。そしてＩ／Ｔｈｅｒｅの周りの空間に似たような形のスタジアム状のものが幾つもあるのが見えてくる。

これって、他のI／Thereか？

さらに離れてゆく。個々のI／Thereがどんどん小さくなって行く。やがてI／Thereの集合体としてひとつの形が形成されているのが分かる。

なんと、スタジアムのような形にI／Thereたちが整列しているではないか。

先ほど自分がI／Thereの一部として見えていた時のように、こんどはI／Thereたちが並んでいる。

「今私が見ているのは、I／Thereたちの集合体ですか」

「そう、キミたちがI／Thereクラスターと呼んでいる状態さ」

「I／Thereクラスターにとっては、あなたたちI／Thereは、あなたにとっての私たちのような個々の存在に過ぎないんですね」

「そう、私たちはI／Thereクラスターの一部として様々な経験をしている。その経験はすべて、I／Thereクラスターの経験となるのさ。そしてI／Thereクラスターも同様に……」

「そうか、分かってきたぞ。全体と個体の関係が」

「分かってきたようだね。キミの考えていることはおおむね正しいよ」

「つまるところ、個体としての自分の経験は、全ての存在の源の経験の一部となる。全ての存在の源にとっては、全ての個体の経験が自分自身の経験となる。だから個体同士が協調することを望むのか。その協調に必要なのが愛のエネルギーなんだ」

「それに気づき、実践することが出来るようになるために、キミたち物質界の人間存在はさまざまな経験から学ばなくてはならないのさ。何度も人生を繰り返しながらね」

「そう言うことなんですね。あらゆる存在がそのことに気づき、実践出来たらどうなるんですか？」

「まず私のレベルで言うと、私の一部として属するメンバーたちがこれを実践出来るようになることで、私はI／Thereを卒業しI／Thereクラスターに帰還することになる。その後、I／Thereとして別のメンバーを構成して探索を続けることになるんだよ」

「それはあとどのくらいですか」

「どのくらいかな……まだもう少しかかるかな。キミはかなりのレベルまで来ているけどね」

「それって、人間卒業ってことですか？」

……答えはない。唐突にI／Thereとのコンタクトが途切れる。そのまま覚醒。

内的宇宙と外的宇宙は繋がっている

アクアヴィジョン・アカデミーの「トータルセルフ体験コース」というセミナーに参加したときのことである。このセミナーでは複数の方法でトータルセルフ（I／There）とのコンタクトを試みる。このときまで私は、I／Thereと接触するにはフォーカス35に行かねばならず、ほかに方法があるなんて思いもしなかった。

ところがこのセミナーでは、それ以外の方法も教えているのだ。

そのひとつが、フォーカス15で自分の内側に意識をフォーカスし、どんどん内面深くに入っていくというもの。ロバート・モンローによると、意識というものは幾つかの層が同心円のように重なっており、それをひとつひとつ体験し内面に向かっていくと、意識の中心部にたどり着くことが出来るのだそうだ。そしてこの意識の中心部がI／Thereと繋がっているらしいのである。

意識の層を外側から順番に見て行くと、

記憶の層：人生の全ての瞬間が収められており、追体験が可能。

恐怖の層：様々な恐怖（古い恐怖、新しい恐怖、些細な不安、大きな懸念等）

感情の層：喜怒哀楽。あらゆる感情がある。

破れた障壁：地球生命系への耽溺《たんでき》、そこで生まれるあらゆる信念体系。

信念が崩れると障壁に穴があく。信念が崩れるに従い穴が大きくなっていく。

これらの層を順番に抜けていくことで、意識の中心部にたどり着くことが出来るという。

以前に、フォーカス15のCDを聴いていて、気付くとフォーカス35（例の国技館のようなところ）に行っていたことがあった。やはりあのときの体験はI／Thereと接触していたと言うことなのだろうか。

このへんのところをトレーナーに確認すると、内的宇宙と外的宇宙は繋がっているのではないかという。だから、フォーカスレベルを上げていってI／Thereに到達することも出来るし、自分の内面深くに分け入っていくことでI／Thereに到達することも出来るのだそうだ。

今回のセッションは、内面に分け入ることでI／Thereにアクセスする。

用いるのはフォーカス15のフリーフローCDである。フリーフローというのは、目的のフォーカスレベルまでガイダンスが誘導するが、そこから先は自由探索となるCDのことである。自由探索中はヘミシンク音以外にナレーションが全く入らない。自分の意思で好き勝手に探索できる。非物質界を「自由遊泳」できることから、フリーフローという。

今回はセミナー用に意識の内面へと分け入るためのナレーションを足したスペシャルバージョンである。

フォーカス15に到着。

ナレーションに従い、内面を象徴する建物を想像する。

ニューヨークのグッゲンハイム美術館みたいな渦巻き状の建物が見えてくる。

実際の美術館は渦巻きの層が何重にもなっているが、イメージで見えてきたのはその一階部分だけの平べったい円柱状の建物だ。

建物の側面に小さな入口が見える。中に入ると、仕切りも何もない大きなフロアが拡がっている。よく磨かれた艶のある床。

ナレーションが階段を降りるよう指示する。

指示に従い、フロアの隅にある幅の広い階段を降りていく。ひとつ下のフロア。ここが記憶の層である。

記憶の層

自分の記憶の様々な断片が、まるで走馬燈のように次々に見えては消えていく。

幼稚園の頃、紺色の制服が自分に似合わないことが嫌だった記憶……

つい数年前、仕事で大阪出張に行く際、東京駅のトイレで大変なことになった記憶……

小学生の頃、父親の悪口を言われたことに腹を立て、悪口を言った友人の背中を思い切り蹴った記憶……

同じく小学生の頃、いたずらばかりして先生にこっぴどく叱られた記憶……

中学生の頃、始めて付き合った彼女の手に触れた時、その暖かさにときめいた感覚……

どれも、ここ最近思い出すことすらなかった記憶ばかりが浮かんでは消えていく。

ナレーションが階段を降りるよう指示する。

恐怖の層

具体的にこれ、といったものではないが、形のない不安感のようなものが沸いてくる。

〇〇したらどうしよう……みたいな。漠然と、ただただ不安。

ナレーションが階段を降りるよう指示。

感情の層

ここで見えてきたのは、姉との感情的な確執。

本当は仲良くやっていきたいという思いがあるのに、なぜか相容れないもどかしさ。

努力はするのだが、意見の対立を見て努力を諦めてしまう自分に対する憤り……

ナレーションが階段を降りるよう指示。

破れた障壁

階段を降りたところは、長い廊下になっている。

廊下を歩いて行くが、壁が壊れたり穴が空いたりしているところは見あたらない。

これじゃ壁の向こう側にいけないな、と思っていると、壁に何やら縦の線のようなものが見える。近づいてよく見ると、ゴムの蛇腹のようになっている。

よく、昔のバラエティ番組なんかで、太い幅のゴムの蛇腹の隙間を広げて、後ろ側からゲストが登場する、みたいなのがあったが、まさにあんな感じのゴム蛇腹。このゴムの蛇腹の隙間を左右に広げて、向こう側に入っていく。

ナレーションが、ここはＩ／Ｔｈｅｒｅの中心部である、みたいなことを言っている。

Ｉ／Ｔｈｅｒｅの中心部

私はＩ／Ｔｈｅｒｅの中心部は宇宙のようになっていて、ものすごく広い空間が拡がっている、という想像をしていたのだが、たどり着いたそこは、私の想像とはほど遠いものだった。

まるで格式のあるホテルのラウンジのような、落ち着いた雰囲気のフロア。

茶色い革張りの高級そうな肘掛けつき一人がけソファが並んでいる。

それらに何人かの人影が座っている。

白髪の小柄な老紳士。痩せていて神経質そうな顔をしている。

老紳士がこちらを向く。目が合う。怖い……そんなイメージ。

他のソファに目を移すと、小さな女の子が座っている。邪気のない、可愛らしい子だ。

他のソファに目を移す。

何やらぼんやりと光る人影。形は確かに人間のようだが、輪郭だけで顔は判らない。

そしてその後方に、見覚えのある顔を発見。

鷲の顔をした男。フォーカス21やフォーカス27でときどき見かける男だ。あまり気に留めていなかったが、何故ここにいるのだろうか。もしかして彼はI／Thereなのだろうか。

鷲男はこちらを向いて笑っている。

「あなたはいったい……」

「驚いたか？」

「あなたはI／Thereなのですか」

「キミのガイドさ」

「え、ガイドだったんですか」

「そうさ。キミが高いフォーカスレベルを目指そうとする時に手助けをするのが僕の役目なのさ。今回はフォーカス15からI／Ｔｈｅｒｅにアプローチするという、いわばキミにとって初めての体験だろ、だから僕が来たのさ」

「ということは、ここまで導いてきてくれたんですか」

「キミのそばにいたけど、気付かなかった？」

「ぜんぜん、まったく気づきませんでした」

「まあいいけどね、ちゃんとここまで来ることができたから」

　その後、鷲男の存在が徐々に朧気になっていく。そして鷲男の手前にいる、別の存在に意識が向いていく。先ほどぼんやりと光っていた人影だ。I／Ｔｈｅｒｅだろうか。

　とりあえず話しかけてみる。


「あなたは誰ですか？」

「私はあなただ」

「……てことは、あなたは私？」

「そうだ。今そう言った。だが、キミは厳密には私ではない。キミは私の一部だ」

「……ってことは、あなたは私のＩ／Ｔｈｅｒｅですか？」

「そう言うことも出来るが、もう少し上の存在だ」

「本当にフォーカス15でＩ／Ｔｈｅｒｅとコンタクトできるんですね。こいつは面白い」

「フォーカスレベルでいえば、ここはフォーカス15ではなくフォーカス35だ。キミはフォーカス15からフォーカス35にシフトしてきている。フォーカス15はあらゆるフォーカスレベルと繋がっているのだ」

「やっぱりそうなんだ……前にもフォーカス15からフォーカス35に行りたことがありました。じゃああなたはフォーカス35にいるんですね」

「本当はもう少し上のフォーカスレベルにいる。ただキミとコンタクトを取るために振動数を落としているので、フォーカス35でも私を知覚出来るのだ。キミはフォーカス35までは何度か来ているので比較的知覚しやすいが、それよりも上のフォーカスレベルだと安定して知覚を保てない。だからこちらからキミが知覚出来るレベルに合わせて振動数を落としているのだ」

「でも、なぜそんなに高次の存在がわざわざ私にコンタクトを取っているんですか？」

「キミの非物質界の知覚レベルが上がってきているからだよ。今まで以上に高いフォーカスレベルに行く準備が出来つつある。そのことを知らせるために来たのだ」

「え、そうなんですか！」

「そうだ。だが、いきなりではない。まず既に体験出来ているフォーカスレベルの知覚力が高くなってくる。今まで以上にいろいろなものが知覚しやすくなってくる。これは徐々に実感できてくるだろう。例えば、フォーカス35までの探索で今までよりも多くの発見が出来るようになる。当然、それらの体験からの気づきも増えてくる。キミはモンロー研から帰ってきて、いよいよ自分が本来進むべき方向への行動を起こすときが近付いているのを感じているだろう。それはキミの知覚力が高まっている証拠なのだ。今後、ますますその思いを加速する出来事が起きてくるだろう。いよいよ宇宙がキミの行動を具現化するために動き出す。それを実感することが増えてくるよ」

「なんかものすごくワクワクしますね……でも不安も同じくらいあるけど……」

「不安があることはとても良いことだ。変化するとき、現状から世界が動き出すときに不安という感情は生まれてくる。変化がないときは不安もないのだ。同時に精神的にきついことも増えてくるだろう。これも実は変化を加速するために起きていることなのだ。現状に甘んじることがないように、という宇宙の計らいだと思うといい」

「そうなんですか……確かにモンロー研から戻ってきてから、物質界での生活はバタバタですね……」

「これからキミに起きてくる出来事には、数多くの変化のためのメッセージが含まれている。

大きなメッセージもあれば、小さなメッセージもある。だから、起きてくる出来事のすべてに今まで以上の注意を向けるようにすることだ。変化のためのメッセージを見逃さないように。見逃しても変化そのものは起きてくるが、見逃すとその分変化のスピードが遅くなる。そう思って毎日を過ごすといいよ」

「なるほど……でも始終注意を向けながら生きていたら疲れちゃいそうですね」

「だいじょうぶ。普通に生活していればいい。ただ今までよりも少しだけ物ごとに好奇心をもつように。それで十分だ。多くのメッセージはキミの中に入ってくる。そんなに大変なことじゃない」

「それを聞いて安心しました。まあ自分で望んだ変化ですから頑張ってみます」

「キミは私の一部だ。その私が言っているんだ。安心して変化して行きなさい」

その後、フォーカス27にある「向こうのモンロー研」を訪ねてみる。

フォーカス27には、こちら（物質界）のモンロー研とそっくりの施設がある。建物といい、庭の水晶といい、本当にそっくりだ。モンロー研のプログラムでは、この「向こうのモンロー研」をフォーカス27での集合場所として使うものもある。

テラス側のドアを開けて建物の中に入ると、本当に物質界のモンロー研そっくりである。

フォックスデン（談話室）にはスナックが常備されているし、ちゃんとレモネードまで置いてある。

喉が渇いた気がしたので、レモネードを一杯飲む。

その後、再び外に出ると、草原の向こうのほうに水晶が見える。これも物質界と同じだ。非物質界のモンロー研は、何から何まで物質界のそれとそっくりである。

水晶のところに行ってみる。

薄いオレンジ色をした水晶もほぼ同じである。

が、一つ大きな違いがあった。

この水晶、中に入れるようである。水晶の側面に頭を向けてズズズっと突っ込むと、内部に頭を入れることが出来てしまう。

中に頭を突っ込んで見てみると、下に向かって深い穴が開いているように見える。

底は見えない。相当深そうな感じはするが、分からない。

と、ここでナレーションが聞こえてくる。フォーカス15からフォーカス12に戻るように言っている。

そうだ、フリーフロー・フォーカス15を聴いていたんだっけ。

体験の成り行き上、そこから勝手にフォーカス35やフォーカス27に来ていたため、ナレーションに違和感を感じつつ、徐々に覚醒する。

フォーカス15からI／Ｔｈｅｒｅとコンタクトできるというのは、私にとっては非常に大きなメリットだ。私にとってフォーカス15は知覚しやすいフォーカスレベルであるため、ここからI／Ｔｈｅｒｅにアクセスすることで、頻繁に情報を得ることができるようになるだろう。

時間という概念に悩む

この日も自分の内面に分け入っていく方法でI／Ｔｈｅｒｅとコンタクトを試みる。準備のプロセスを経てフォーカス15に意識をシフト、フリーフロー開始。

白い大きな円筒形の建物をイメージする。側面のガラスの扉を入り、階段を下りていく。ひとつ階段を下りるごとに、自分の内側に少し入り込んだような感覚がある。

実際の肉体の大きさよりも、一回り小さな自分になったような感覚とでも言おうか。

もう一フロア下りる。さらに一回り小さくなったように感じる。

これを数回繰り返すと、かなり小さな自分になったような感覚になっている。

最下フロアに到着。

長い廊下を歩いていくと、壁に割れ目が見える。この割れ目を分け入って中に入る。

真っ暗である。

ひたすら広い。上も下も右も左も、前も後ろも、延々と拡がっている。

星ひとつない広大な宇宙空間に、ひとり漂っているような感覚である。

しばらくそのままの状態で観察を続けるが、何も起きない。

こういう時には、そこに何かがある、何かがいると仮定してことを運ぶといい、とセミナーで教わったことを思い出す。そこで宇宙空間に向かい、訊きたい質問を投げ掛けてみる。

「私はどこから来て、どこに行こうとしているのか」

少し待つ。

自分の心の中に、答えらしきものが湧き出してくる。

「どこかから来たわけでも、どこかへ行くわけでもない。常にここにいる」

？？？

引き続き心に湧き出るメッセージ。

「全ての出来事は、ここに在る。過去も現在も未来もない。あらゆる瞬間が同時に存在している。そしてその瞬間同士を繋ぐと、体験になる。瞬間瞬間を、順を追って体験するプロセスを時間という。物質界では複数の瞬間を同時に体験できないため、時間という概念が必要になる。非物質界では同時にいくつもの瞬間を体験できるため、時間の概念は必要ない。だから、過去も現在も未来もないのだ」……みたいなメッセージ。

時間の概念がないため、どこから来てどこへ行こうとしている、という時系列的な発想が存在しない、ということか。

ではなぜ、わざわざ物質界に肉体を持って生まれてくる必要があるのか……

「時間という概念が存在しないということは、全てが存在するということだが、逆にその全ては瞬間の集まりだとも言える。瞬間には動きが存在しない。瞬間から得られるものは『気づき』であり、物ごとの理解を助ける。動きは瞬間の連続体であり、動きを通してしか得られないものがある。それが『感動』というもの。言い換えれば、感動は動きの中から得られるものであり、とても貴重な体験といえる。この体験をするために、物質界が存在するといっても良い」

何となく分かったような、分からないような……

私が理解するしないに関わらず、そう言うことなのかもしれないな、と変な納得の仕方をする。

セッション後、今回受け取ったメッセージについて考えてみる。

時間が存在するから動きが存在する。

そしてその動きの中にのみ感動が存在する……そう言う感じの内容だったと思う。

ということは、時間が存在しない世界、非物質界には「感動」は存在しないのだろうか……

この辺については、自分の中で咀嚼するにはしばらく時間がかかりそうである。

時間という概念は考えれば考えるほどに、悩ましい。

その分、興味が尽きないのも事実だが。

未来ナビゲーション

時間という概念について、その後もいろいろと考える機会が多くなった。

過去も現在も未来もない状態……ということは、そこでは自分の未来もすべてわかってしまう、ということだろうか。

未来が分かる、ということは、未来は決まっているということ?

だとすれば、自分が将来こうなりたいと思っていても、それが決められた未来と違う場合には、その思いは叶わないということなのだろうか。

考えれば考えるほど、わけがわからなくなる。

そんなことを思いながら、フォーカス15に行ったときの体験をご紹介したい。


ナレーションに従い、フォーカス15到着。

まずはひたすら真っ暗な空間が見えてくる。

何もない、感覚的には全方向に果てもない真っ暗な空間の中に浮かんでいる。そこから色々とイメージをしていくうちに、様々な体験が始まる。

今回は久しぶりに「源さんバー」に行ってみようと思う。

源さんバーは、私がフォーカス15に来始めた頃（二〇〇九年）に、ガイドとのコンタクトを目的に創造した交信ポイントで、そこにいたバーテンの名前が源さんだったことから、そう呼んでいるのだ（51ページ「源さんバー」を参照）

ただし、その源さんはもうこのバーにはおらず、なぜかフォーカス21にあるブリッジカフェに移り、そこでバーテンをしている。

薄暗い階段を下りていくと、木の扉が見える。

重たい扉を押し開けると、中から若いバーテンが「いらっしゃいませ」と声をかけてくる。

カウンターに目をやると、高橋さんが座っている。

「ようようよう、久しぶりじゃねぇかよぅ！」

「本当に久しぶりですね、すいません、最近はクリックアウトが多くて……」

「知ってるよ、さ、座れ座れ！」

高橋さんの隣に座る。

「今日は何だい？」

「え、いや今日は特に目的はないんですけど、何となくフォーカス15かな、と思って」

「なるほど。そんなこと言いながら、願望を設定しに来たんだろ？」

「え、いやそう言うわけじゃないんですけどね、でもちょっとあるかな」

「そんなことだろうと思ったぜ。でもな、お前が思ってる願望はもう百万回設定してるから、今日はもう止めとけ。もうちゃんとセットされてるんだからいい加減安心しろ。今日はそのお前の願望に行き着くプロセスをセットして来いよ。途中の経過も結構大事だと思うぞ」

「なるほど、高橋さんの言う通りですね。じゃ、そうします」

ということで、今回は途中のプロセスを設定してみようと思う。

バーのカウンターを離れ、イメージを拡げてみる。

広大な空間。真っ暗でなにも見えないが、空間が果てしなく拡がっているのがわかる。

その中に、自分の現在の光景が見えてくる。物質界の日常。家族と過ごす夕食の場面だろうか。

すると、その風景が四角く切り取られ、一枚の写真のように変化する。

そしてその写真が、広大な空間に浮かんでいるように見える。

やがてその写真を中心に全ての方向に、無数の写真がずらりと並んでいるのが見えてくる。

現在を写した写真を中心に、まるで打ち上げ花火のように四方八方に、写真が並んでいるのだ。

そして、自分の願望をイメージすると、中心の写真（現在の自分を写した場面）から、左斜め前方に向かって一列に並んでいる写真の列が光り輝いて見えてくる。

まるで「こっちだよ」とでも言うように、無数にある写真の列のひとつだけが光っているのだ。

なるほどと思う。

自分の進むべき未来への方向は無数の選択肢があるけれど、目的を決めるとその中のひとつの方向が選択される、ということか。

そしてまさに、いま自分が思い描いている未来への道は「これだよ」と指し示してくれている、ということか。つまり、未来は決められているのではなく、無数にある可能性の中から自分で選んでいるということなんだ。

面白い。

現在の写真から、光り輝いて見える道筋に並ぶ写真を見てみようと思い、近付こうとしたがうまくいかない。遠くから俯瞰するように眺めることは出来ても、近付いてよく見ることは出来ないのだろうか。

結局、自分の未来を観ることは出来ずにセッションは終了した。

以前にも、似たようなイメージを見たことがあるが、フォーカス15は何もないようで、何でもある領域だな、と今回もつくづく思った。

自分の未来の道（選択肢）は限りなく存在していて、どれを選ぶも自分次第であること、そして未来を選ぶと選択肢も自ずと絞り込まれることが、今回の体験で分かった。

まるで未来への「ナビゲーションシステム」みたいだな……

本当にフォーカス15って、面白い。

違和感

物質界で普通に生活しているなかで、ときどき思うことがある。

なんで思った通りにならないのだろう……

そこのところをガイドに訊いてみようと思う。


フォーカス27にある自分のスペシャルプレイスに行き、ビーチチェアに寝そべりリラックスする。誰かが近寄ってきた感じがする。どうやら高橋さんのようである。

自然と会話がスタートする。

「いつものことだけど、おまえ今日も悶々としてるな」

「悶々としてるわけじゃないんですけど、なぜ物質界ではものごとが思い通りに行かないのかな、と思って」

「お前、それ以前にも教えてやったよな、忘れちまったか？ 思い通りに行かないのにはふたつの理由がある。その場所で乗り越えるべき壁が存在することを知らせる場合と、その場所が正しい場所ではないことを知らせる場合だ」

「ああ、壁のはなしですか。そのふたつを見分けるには成り行きに任せろって言ってましたよね」

「思い出してきたか。思い通りに行かないことが起こった時は、お前がなにを感じるかを観察すればいい。その出来事に違和感を感じるようならば、それはお前にとって正しい場所ではないことを示している。違和感というのは非常に高精度なセンサーなので、違和感センサーの針が示す方向は信頼して良い。このままこの場所で壁を乗り越えるべき時には、センサーがちゃんとそれをお前に教えてくれる。壁を乗り越えることに違和感を感じる時は、ほぼ間違いなくそこがお前にとって相応しくない場所であることを示している。だからその場所にいるべきではない」

「なるほど。でも物ごとを途中で投げ出してその場を立ち去るというのは気が引けるんですが」

「逆にお前に訊くが、本来の場所にいないで別の場所に居続けることに、お前は気が引けないのか?」

「……いや、本来いるべき場所が正確にわかっているならそこに行くと思いますけど」

「違和感を感じるということは、その場所がお前のいるべき場所じゃないってことを知らせているんだから、正しい場所を探す必要があるんじゃないのか? 正しい場所がわからないことが、正しくない場所に居続ける理由にはならないぞ。正しい場所がわからないなら探せばいいだろ。探す必要があるってことをお前に知らせているのが違和感なんだから」

「探すって、具体的には何をすればいいんですか」

「それはお前が自分の力で見つける必要がある。正しい場所に来た時に、そこが正しい場所かどうかは、違和感センサーを使えば簡単に見分けることが出来る。俺がお前にその場所を教えてやることは出来ないが、この違和感という感覚をうまく活用することで、お前が思っている以上に簡単に正しい場所を見つけることが出来る筈だ。現にお前は無意識にその方法で、正しい場所に近付きつつある」

「近付きつつある、と言うことは、あとどのくらいで到達出来る？」

「それはお前次第だな」


以前、高橋さんとの会話の中で、目の前の壁を越えることなく迂回するのは逃げているようで気が引ける、と言ったときにも似たようなメッセージをもらったことを思い出した。

高橋さんはその時こう言っていた。

「壁には乗り越えるべき壁と迂回する壁がある。それを見分けるには単純に成り行きに任せれば良い。深く考える必要は全くない。自分のそのときの感情を百パーセント信頼して、より気持ちの良い選択をすればいい」

自分の感情を百パーセント信頼し、より気持ちの良い選択をすれば良い。これは違和感のない選択肢を選べ、という意味だったのだろう。

違和感。

誰にでも簡単に使えて、なおかつ精度が高いセンサー。

自分の今いる場所をこのセンサーで計ってみると……違和感だらけだ。

早いとこ正しい場所を見つけよう。

高橋さんからのたくさんのメッセージ

「よう、久しぶりじゃねぇか！」とガイドの高橋さんに声をかけられる。

「お前に伝えなきゃならねぇことがいっぱいあるんだよ。だからもっと頻繁にここに来いよ」

ここことはフォーカス27のことである。

「伝えなきゃならないことって、何ですか？」

「いっぱいあんだよこれが。一回や二回じゃ伝えきれねぇぞ」

「例えばどんな内容ですか？」

「今日は教えられねえよ。今日は予告だけだ。次回な」

「え、そんな勿体ぶったこと言わないで教えてくださいよ」

「こっちにはこっちの事情ってヤツもあんだよ。今日はダメだ。今日は時間がないから教えられねえんだよ。わかったか」

その後、意識がぼんやりとしてきてクリックアウト。

なるほど、高橋さんは私がクリックアウトすることが分かっていたんだな。

だから予告編だけだったんだ。


翌日、高橋さんの予告編が気になり、さっそくフォーカス27にある自分のスペシャルプレイスに行ってみる。

「よう、さっそく来やがったな」

相変わらず口が悪い。自分でもっと頻繁に来いとか言ったくせに……

昨日高橋さんが言っていた「伝えるべきたくさんのこと」について訊いてみると、

「成り行きに任せる」

というメッセージを受け取ることが出来た。

……それだけ？　それ前にも聞いたことあるし。

しばらく待ってみたが、それ以上は何も得られなかった。

たくさんあるとか言いながら、一個だけかよっ！　と思うが、結局それしかメッセージはもらえなかった。

今回は意識がはっきりしているにも関わらず、これ以外にガイドとの会話はなかった。

そしてこれ以上の進展がないまま、セッションは終了した。


伝えたいことがたくさんある、と言われてスペシャルプレイスに行ってみたが、受け取ることが出来たメッセージは一個だけだった。

「成り行きに任せる」

いままでにも何度か聞いたことのあるフレーズである。なにか今までと違うことを言いたいのだろうか。いったいどういう意味だろう……？

メッセージの意味自体は明確だが、あまりに一般的すぎて、具体的に何をどうしたら良いのかさっぱり判らない。これからの日々で今回のメッセージを活かす機会が訪れるのだろうか
……

それにしても、メッセージがひとつしか得られなかったのはどういうことだろう。たくさんあるから来い、と言われたので、たくさんメッセージを貰えるのかと思っていたが、貰えたのは一個だけ。それも何度か聞いたことのある内容……

さては小出しにするつもりか？

まあ、一気にたくさんのメッセージを得たとしても、それらを十分に活かすのは、逆に大変かも知れない。そのあたりのことまで考えて、高橋さんはメッセージを小出しにしているのだろうか。そう考えると、何となく合点がいく。

それにしても、なぜいま、このタイミングで「成り行きに任せる」なんだろう。

数日後。

この日は朝からずっと仕事で外に出ていた。

営業マンである私は、仕事がら外出する機会が多いが、この日は期せずして大きな商談が三つも重なってしまった。午前中は汐留の会社で役員と面談、午後は竹橋に移って別の商談、そして夕方は立川の会社で受注に向けての最終交渉。

竹橋の商談を終え、立川に着いたときには夕方五時近くになっていた。

この時点で、私はすでに心身ともにかなり疲れていた。これから向かう客先が今日最後の商談だ、もうひと踏ん張りだ、頑張れオレ、と思うが肩に力が入るばかりで気持ちは一向にリラックスできない。

客先に向かうタクシーの車内で、プレゼン資料を見直す。集中だ、集中。

そのとき、タクシーが急にブレーキを踏む。

どうした？　何があった？

そう思って身を乗り出してみると、フロントガラス越しになにか動くものが目に飛び込んできた。

一羽のカルガモが、のんびりと道路を横切っている。

周りを優雅に見回しながら、ゆっくり、ゆっくりと道を渡っていく。

その間、タクシーは止まったままである。

カルガモが道路を渡りきったのを確認し、タクシーは再び走り出す。

「カモですよ、お客さん、田舎は嫌ですねぇ、あはははは」

運転手と一緒に私も思わず笑っていた。

張りつめていた緊張の糸が見る見るうちに緩んでいく。気持ちが和んでいくのが分かる。

いったい今まで何を張りつめていたのだろう……

一羽のカモの横断で、私の気持ちはみるみるリラックスしていった。

成り行きに任せよう。なるようにしかならないのだから……


あれ……？


何かに気付く。

数日前にフォーカス27で高橋さんから受け取ったメッセージ……成り行きに任せる……

そう言うことだったのか、と思う。

キリキリと意気込んで商談に望んでも、リラックスして商談に望んでも、結果はなるようにしかならない……

ということを、カルガモを通して伝えてくれたのだろうか。

だったらリラックスして気楽にいこう。

果たして結果は、今日の段階では上出来だった。こちらの伝えたい内容は十分に客先に伝わったし、私の提案に関しても好印象を持ってくれたようである。

成り行きに任せる。

数日前に受け取ったメッセージの意味を、カルガモが伝えてくれた。

非物質界での体験の意味を、物質界の体験を通して知る。

宇宙はかくも不思議なお膳立てをサラリとやってのける。

本当に、一瞬一瞬のすべてが面白い。


高橋さんは、私に伝えたいメッセージがたくさんあると言っていた。だが、まだ私はメッセージをひとつ受け取ったに過ぎない。およそたくさんとは呼べない数だ。

ということで、ふたたびフォーカス27を訪れた。


テラスに行くと、高橋さんがいる。

「よう、来たな。いいぞその調子だ。その調子でどんどんここに来い」

「高橋さんが、伝えることがたくさんあるって言うんで、気になっちゃって」

「あはは、そりゃ気になるよな。でも本当にたくさんあるんだよ」

「何ですか、たくさんのことって……」

「よしよし、そう焦るなって。今から幾つか伝えてやるからよ。そうだな、まずはこれだな

「……」

そう言って、高橋さんは間を置く。

いつもはおちゃらけている高橋さんが妙に真剣な感じになった。

何やら神妙な感じがして、少し緊張してくる。

「他の人にへミシンクを伝える方法を考えろ」

「え、それがメッセージ？」

「そうだよ、なんか文句でもあんのか？　立派なメッセージだろが！」

まあ確かにメッセージではあるが……今さら、という気がしなくもない。

「お前な、へミシンクを自分で突き詰めてきてはいるが、それを人にどうやって伝えていくのかを真剣に考えているといえるか？」

「考えてますよちゃんと」

「お前が考えている方法がベストか？　それがすべてか？　ほかに方法はないか？」

「……そう言われると、そこまで突き詰めてはいないかも知れないけど」

「だろ？　そこだよそこ。お前は以前、自分が生まれてきた意味について知ったよな。覚えているか？」

「もちろん覚えていますよ。意識の変化を求める人の手伝いをするって……」

「そうだ。それでヘミシンクに出会ったんだったよな」

「そうですよ。それで毎日……まあたまに聴かない日もあるけど、ヘミシンクを聴いて非物質界を探索し続けていますよ。それは高橋さんもよくご存知でしょう?」

「もちろん知ってるよ。お前のその姿勢は立派だ。そのまま続けたらいい。でもそろそろ真剣にお前が得たものを他の人に伝えるってことを考えるときだ。ブログで発信するのもいいが、もっと直接的な方法で伝えることを考える時期に来ていると思うぞ。このままの状態でズルズル行ってはダメだ」

一瞬、間を置く。

「そう言う意味で、今回のメッセージを真っ直ぐに受け止めろ」

「もっと直接的な方法で伝える……ですか?」

「そうだ。お前がしていることは間違ってはいない。間違ってはいないが、もっと視野を拡げてあらゆる方法を検討すべきだ。その中で、もっとも良いと思う方法をお前は選ぶべきだ。どれがベストかはちゃんと判るようになっているから心配するな。そう言う意味だ、いいな?」

いいな、とか言われても答えようがない。これがガイドからのメッセージなのだから、受け止めるしかない。

ヘミシンクを伝える方法を考えろ。高橋さんは言う。

今までに何度も受け取っているメッセージ。これで何度目になるだろう……

自分では十分に考えているつもりだった。

自分なりに答えは出ているつもりだった。

だが今回ふたたびこのようなメッセージが届くというのは、何か意味があるのだろうか。

自分が答えだと思っていたものが間違っている？　それを確かめる意味でも、もっと視野を拡げて可能性を検討しろ、ということなのだろう。

そろそろ何らかの行動に出る時か……

数日後、ヘミシンクを聴いているときに次のようなメッセージをもらった。

「ものごとをよりよく観察する」

メッセージをもらったは良いが、クリックアウト気味で、具体的な意味がさっぱり分からない。そこでこのメッセージの意味を訊こうと思い、翌日ふたたび高橋さんに会いに行く。

「よう、腰、辛そうだな」

「そうなんですよ。何とかなりませんかね……」

最近、腰の調子が悪く、仰向けに寝てヘミシンクを聴いているだけでも腰が痛くなってくるのだ。

「フォーカス10あたりで痛みを解放してやると良いかもな」

「いま、この場で痛みを何とか出来ないんですか？」

「お前が自分で何とかしているだろ、さっきから身体を動かして楽なポジションを探しているじゃないか。姿勢を変えながら調整するしかないな」

「ところで高橋さん、昨日いただいたメッセージの意味がよく分かりません。ものごとをよりよく観察するって、具体的にどういう意味ですか？」

「具体的じゃねぇか。今よりももっとよく観察しろってことだろうが」

「だから、なにをどう、よりよく観察すればいいんですか？」

「なんでもだよ、全部だ。ぜ、ん、ぶ。わかるか？」

「分かりませんよ。全部のものごとをどう、よりよく観察するんですか？」

「いいか、お前が見たり聞いたり感じたりすることについて考えろ。それらはみんな、お前の外から入ってくる刺激だ。その刺激に対して、お前はお前自身のフィルターを通して何らかの理解をする。その理解はすべて、全てだぞいいか、すべてがお前のフィルター越しに見えているものに対するものなんだよ。実際の刺激そのものじゃない」

「分かります。その辺の話は前にも聞いたことがあるし、本でも読んだことがありますから。だから同じ刺激を受け取っても、人によって見え方、感じ方が異なるんですよね」

「そうだ、分かってるじゃねえか」そう言って高橋さんは笑った。

「だが問題はここからだ。お前のフィルター越しに見えたものごとについて、そのまま理解するんじゃなくてもう少しよく観察してみろ、ってことだよ。お前が持ってるフィルターは、お前が今の肉体を持つことによって少しずつ作りあげてきたものだ。お前の今の人生の集大成であることは間違いないが、それでも不完全であることは否めねえ。入ってきた刺激を理解できる形に整える際に、フィルターがその像を歪めているんだよ。だからお前の、刺激に対する理解は必ずしも正しいとは限らねぇんだ」

「そこは理解しているつもりです。でも、それは今の肉体を持っている以上、仕方がないことなんじゃないですか？」

「まあな。でもな、その理解をもう少し進めることも出来るんだよ。それをしてみろ、ってのが今回のお前へのメッセージだ」

「だから、それはどうやるんですか？　よりよく観察しろって言われても、具体的な方法がさっぱり分かりませんよ」

「お前にはその方法を教えているぞ。感覚を使うんだよ、感覚を。ものごとに接した際に感じるものをもっと重要視するんだ。教えたよな、違和感。違和感を感じるときは要注意ってな」

「違和感については教えてもらいました。確かにあれはある意味、目からウロコのメッセージでした。理屈じゃなくて感覚をもっと信じろ、ってことですね」

「そうだ。入ってきた刺激に対して、お前自身のフィルターを通すことである種の理解が生まれる。その理解を無防備にそのまま受け入れるのではなく、もう一度自分の感覚という別のフィルターを通してみることだ。そのとき、違和感を感じるものならば、それはそのままお前自身に取り入れてはいけないことをお前に教えているんだ。お前はよく言えば素直な性格だから、なんでも無防備に自分の中に取り込むだろ。悪く言えばバカ正直ってことだ。それをする前に、お前自身の感覚のフィルターを通して、もういちど吟味してみな、そうするとそのものの本質が見えてくるはずだ」

「なるほど、よりよく観察するっていうのは、理解のフィルター以外に、感覚のフィルターにも通して、自分に取り入れるべきかを判断しろ、ってことなんですね」

「そうだ。そういうことだ。理解できたか?」

「はい、ようやく理解できてきました」

「それともうひとつ。お前、今日は腰が痛いままここに来ているだろ」

「はい、だからいまひとつ集中しきれていない感じです」

「それにも意味があるんだよ。お前、リラックスした状態でここに来たら、寝ちまってたぞ」

「え、そうなんですか？　それでわざわざこんな状態で聴いている？」

「そうだよ。でもお前が選んだんだぞ。お前、今日聴き始めるときに、このまま聴いたら腰が痛くなるな、と思っていたよな。それなのにそのまま聴き始めたろ」

「はい。半分無意識ですが、起きて机に向かって聴くよりもこのままベッドで寝転がって聴いたほうが良い感じがしたもんで……」

「そういうことだ。今日の内容をちゃんと受け取るためのベストの選択だ」

「なるほど。でも痛いな……」


前日に受け取ったメッセージの意味が分かった。

感覚に照らして判断することで、より正しい判断が出来る。

以前にも「違和感」を大事にしろ、というメッセージをもらっており、自分としては実践しているつもりだったが、あらゆる物ごとに対してそれをやりなさい、ということだろうか。結局のところ、感覚をもっともっと信じろ、ということなのだろう。

高橋さんからのメッセージは、約2週間にわたり続いた。

小出しのメッセージを受け取っては租借し、理解できなければ再び高橋さんのもとを訪れる。その都度、高橋さんは私に分かるように説明してくれた。

言葉遣いは乱暴だし、平気で人のことをバカ呼ばわりしたりするが、きっとそれも高橋さんの愛情表現なのだろう、と勝手に理解している。

高橋さんとのやりとりを通じて、いよいよ新たな展開が始まるのかな、という予感めいたものを感じていた。これまでにも多くのセミナーに参加し、さまざまな体験をしてきた。

その中で自分の疑問や思いをガイドやI／Thereにぶつけ、ほんとうに多くの答えや学びを得てきた。それらを自分だけのものとするのではなく、同じくヘミシンクを使って非物質界を探索しようとしている人に参考にしていただければと、体験をブログにアップし続けてきた。

これだけじゃ足りない。

そんなことを思うようになった矢先、先にご紹介した高橋さんとのやりとりである。

ヘミシンクをより直接的に伝える……

トレーナー、というフレーズが脳裏をよぎる。

これまで何度もよぎってはいたが、そのたびに「それはないよな」と否定していた。

なぜなら、アクアヴィジョン・アカデミーでは最近、トレーナーを数名増やしており、当面は増員の予定はないということを聞いていたからだ。募集もしていないのに、なりたいなりたいと騒いだところでガキのわがままに過ぎない。

だとしたら、どうやって直接伝えればいいのだろう……

既成概念に囚われない生き方

「久しぶりじゃねぇか、元気だったか？」

「ええ、まあ、なんとか」

「なんだなんだ、相変わらずはっきりしねえな、元気がいちばんだぞ」

「いや、元気ですよ。ただ高橋さんの勢いに圧倒されているだけで……」

ガハハ、と豪快に笑う高橋さん。

いつものことだから気にせず、いろいろと訊いてみる。何を訊くか、準備していたわけではない。その場の雰囲気で質問が出てくる。

「お前が訊きたいことは分かってるって。質問なんてしなくて良いぞ」

いきなり高橋さんは話し出す。まだなにも質問していないのに。

「分かったつもりでいたことが、何かの拍子で、そういうことだったのか、と腑に落ちることがあるだろ。あれ、分かってたつもりで分かってなかったんだよ」

突然、訳の分からないことをしゃべり出す高橋さん。

何の話し？　いきなり……

「頭で理解したつもりになっていただけで、実際には分かってなかったってことだ。頭で考えたことなんて、たかが知れているからな」

高橋節、炸裂。

「お前がこの間、考えて行動するのではなく、感じて行動する、とか何とか言ってたよな、あれ正解、二重丸、良く出来ました」

私が以前、別のガイドから貰ったメッセージのことを言っているようだ。

「人間、頭で考えて分かったつもりになっていても、結局は本当の意味で腑に落ちたもの以外は分かってないんだってことだ。その場の思いつきでもなんでも、お前がこっち、って決めた答えは、だいたい正解だ。それに引き替え、考えて考えて理屈をこねくり回して、邪推して、無理矢理納得して、それでやっとのこと決めて行動したのにドツボに嵌まることもあるだろ、あれ当たり前だ。考えるってことは、お前の心のどこかが納得していないからだ。お前の気持ち、感情が納得できていないことを理屈でねじ伏せて、それが正しいと無理に思わせて行動するから、そういう結果になるんだよ」

「でも、それで上手くいくこともあるでしょう」

「ない」

「え……」

こんなにはっきりと否定されると、二の句が継げない。

「見た目で上手くいったように見えても、お前にとって良い結果だとは限らない。あとでそのことが別の形で現れてくることもある。お前はさんざん、そういう経験をしてきているはずだぞ」

言われてみれば、確かに思い当たることがひとつやふたつではない。

高橋節、なおも続く。

「逆にだ、思いつきで行動して、とんでもないことになったこともあるだろ。でもそれが、その時のお前にとっての正解なんだよ。そのとんでもない結果が、あとから正しかった、ってわかるんだ」

「そんなこと、あまり記憶にないですけど」

「あるよ。忘れてるだけだ。例えばお前が一九九五年に仕事を辞めた時のことだ」

ずいぶんと古い話を持ち出してきたものだ、と思う。

一九九五年、私は当時勤めていたある会社（某メーカー）を辞めた。

あまり深く考えもせず、自分で商売を始めようと思って。

その後、商売を始めはしたが上手くいかず、困窮を極めた時期があった。

「確かにお前はあの当時、奥さんと子供がいながら日々の食い扶持にも困るという貧乏生活だったよな。その所為で、日雇いの仕事や、警備員、駐車場管理人など、さまざまな仕事をして過ごした」

そうだった。あの当時は毎日のように妻から罵倒され、トホホな感じで短期の仕事を繋いでいたっけ……。

「だが、あの当時にお前が得たものは何だった？」

……そこまで言われて、なるほど、と思った。

当時は毎日の生活費を確保するだけでも大変だったが、それでも充実した日々だった気がする。いろいろな仕事をしながら、本当にさまざまな人たちと接することが出来た。

その人たちは、私がサラリーマンを続けていたら絶対に交わることがない人たちだ。

そういう人たちとの交流から、私の人生観は微妙に変わっていった。

既成概念に囚われずに生きていくことの大切さ、みたいなものが私の体にしみこんでいった時期だったような気がする。

「そういうことだ。あれはあれで良かったんだよ」

なにかをしようとする際、ほぼ毎回、既成概念が邪魔をする。ことが大きければ大きいほど、それを邪魔する既成概念も大きい。

そして既成概念は理詰めで私の思いつきを攻撃してくる。

お前のやりたい気持ちは分かる。でもよく考えてごらん、どう考えたってそれは無理でしょう。もっと現実的になろうよ。そんなことしたら奥さん、カンカンになって怒るよきっと。それでもいいの?

たいがいの場合、私の思いつきは既成概念に説得されて腰砕けになる。

そうだよな、やっぱそうだよな、止めといて良かった……

無理にそう思い込もうとするが、思いは私の心の片隅でくすぶり続ける。

このことを高橋さんは言っているのだ。

この体験と前後して、私は別のメッセージを受け取っていた。

朝、トイレで座っていたときのこと。

「お前がお前であるのは今回だけなんだぞ」


唐突に届いた意味ありげなメッセージ。

どこから、そして誰から届いたメッセージかも分からない。

だが、このメッセージを受け取った私は無意識に次のようなことを考えていた。

「今回、この時代に生まれてきて、自分という人間をやっているのにはきっと凄く大切な意味があるに違いない。そしてそれはこの上なく幸運なことなのだろう。それなのに、私はなにを迷い、躊躇しているのか。日々不平不満ばかり言いながら、いったい私はなにをしている？

自分の思ったとおりに生きていくだけでいいのに」

そうだよな、そういうことなんだよな。

自分の心のどこかに引っかかっていた何かが外れた気がした。

すっきりした。

私はトイレをあとにした（こちらも勿論、すっきりした）。

四の五の言うのはもうやめた。

自分の思いに素直になるんだ。そう心に決めた。

トレーナーになる。

募集していないのは分かっているが、なにか方法はないだろうか。考えるが「これだ」というアイデアは一向に出てこない。

当然と言えば当然である。そんな魔法のような方法があるならとっくにトレーナーになれている。

ということで、ガイドになにか良いアイデアはないか聞いてみて……と、もうそんな時期は過ぎている。さんざん訊いてきたではないか。そして表現は違えど毎回同じ答えをもらってきたではないか。いい加減に気付けオレ。いまは物質界で行動すべきときだ。

そう自分を叱咤激励してみるも、じゃあ具体的になにをすれば良いのやら皆目見当がつかない。

そこで、もちは餅屋ということで、トレーナーに訊くのがいちばんだ、との結論に至る。

今までにもセミナーやモンロー研究所の宿泊型プログラムなどでお世話になったことのある、たつぞうさん（藤由達蔵トレーナー）に聞いてみた。たつぞうさんにはヘミシンク以外にもコーチングでお世話になったこともあり、その際にアクアヴィジョン・アカデミーではトレーナー募集をしていないことを聞いていた。

あれから一年以上たっているので現在の状況を訊いてみると、やはり募集はしていないとのことだった。

「募集していなくても、ダメ元で坂本さんに思いをぶつけてみれば？」

たつぞうさんはサラリとそう言ってのけた。

「だって募集していないんだし、なにもしなかったら間違いなくトレーナーにはなれませんよ。仮にダメでも、それは今回ダメだったたっていうだけで、未来永劫ダメということじゃないでしょう」

ごもっとも、と思う。

たつぞうさんの言うとおりだ。

よし、坂本さんに自分の思いをぶつけるぞ。

そう決心してみると、身体の中心からワクワクした気持ちが湧きあがってきた。違和感は感じない。方向性は間違っていなさそうだ。そう思うと、ますますワクワクしてきた。

決心したはいいが、いつ、どうやって伝えよう……まるで恋する乙女が意中の人に告白するタイミングを計りかねているような心境になっている自分が、バカらしく思える。同時にそんな自分が微笑ましい。その辺の状況もすべてたつぞうさんに相談すると、

「新年会が良いんじゃないですか」という。

新年会というのは、モンロー研究所プログラムの参加者を対象にアクアヴィジョン・アカデミー主催で毎年一月末に行なっている催しである（現在は行なわれていない）。ここには坂本さんはじめ、ほとんどのトレーナー、事務局スタッフが集まるため、ここで坂本さんをつかまえて話してみると良いという。

なるほど、新年会か。

この相談をたつぞうさんにしていたのが年末のため、ほぼ1ヶ月後である。

よし、新年会だ。新年会に決行するぞ。

そして新年会当日。

会場に行くと、坂本さんはじめスタッフ、トレーナーが集まっている。

坂本さんは参加者たちを回りながら談笑している。

私も数名のトレーナーと会話をしつつ、坂本さんの姿を目で追う。たつぞうさんがやってき

て「今日、話しをするんでしょう」と聞いてくる。

「はい、そのつもりです」

とはいうものの、なかなかそのきっかけがつかめない。

なんとか坂本さんと話す機会をつかんでも、口から出てくるのは世間話ばかりである。

トレーナーになりたいんです、その一言を口にする勇気がない。そして坂本さんは別の人と会話をはじめ、私のもとから去って行く。

もどかしい。

自分の思いを話すだけなのに、それがうまく出来ない。そうこうするうちに、新年会は終わってしまった。結局、自分の思いを打ち明けることもなく、さようなら。

とほほな思いで家路につく私。

どうして物質界では思いどおりにいかないのだろう……

「坂本さんに話しました？」たつぞうさんに聞かれた。

「いやあ……なかなか機会がつかめなくて、けっきょく話せませんでした」

「だったら坂本さんにメールしてみてはいかがですか」

「なるほど、メールですか」

捨てる神あれば拾う神ありだ。新年会がダメでもメールがある。

さっそく私はメールを書いた。そして坂本さんあてに送った。

果たして結果は……

「一度お目にかかって話をしましょう」ということになったのだ。

2月の半ば、坂本さんとひでさん（芝根秀和トレーナー）と3人で会い、話しをした。なぜトレーナーになりたいのか、アクアヴィジョン・アカデミーの現状、モンロー研について、トレーナーという仕事について……

4時間ほど話をして、最後にもういちど意思を確認された。

「いろいろと話をしたけれど、それでもトレーナーになりたい？」

「はい、なりたいです」


それから3ヶ月後、私はトレーナーになることが出来た。

トレーナーの募集をしていたわけでもないのに、新たなトレーナーがひとり誕生してしまったのだ。坂本さんがどういう思いで私をトレーナーにしてくれたのか、その詳細はわからないが、私の願望は具現化した。

そして私はいま、アクアヴィジョン・アカデミー公認ヘミシンク・トレーナーとして、ヘミシンクに興味をお持ちいただいた方々のお手伝いをさせていただいている。

セミナーにご参加いただいた方の顔が、体験を重ねるごとに変化していくのを見ながら、ああ本当にトレーナーになって良かったと思う。

へミシンクを始めてから4年、何かに取り憑かれたように毎日へミシンクを聴きながら、本当にいろいろな体験をしてきた。その体験の中には「なんだこれ？・」というものもたくさんあった（というより大半はそういう意味不明の体験だった）

だが、セミナーのトレーナーを担当させていただくたびに、そんな四年間の体験ひとつひとつが、セミナー参加者の体験をお手伝いさせていただく上で必要なものだったんだと、つくづく思う。

「いまトレーナーは募集していない」という言葉をそのまま信じて、トレーナーになることを諦めていたら、いま私はどうなっていただろう。

募集していないトレーナーにはなることは出来ない。これは既成概念である。

既成概念に囚われることなく、自分の思いに正直に生きていくことで、より楽しい未来が待っている、そんな可能性を感じていただければ私の体験談も無駄ではなかったことになる。

※　**坂本さんからのコメント：**ひろさんのケースは例外です。アクアヴィジョンでは、現在もトレーナーの公募は行なっていません。ご了承ください。

終章　冒険は終わらない

トレーナーになっても体験は続く

トレーナーになることは、私にとってゴールではなく、新しい私としてのスタートに過ぎなかった。ヘミシンクも相変わらず聴き続けている。

そんな中から最近の面白い体験をひとつだけご紹介して、本書を終わりにしたい。

やっぱり既成概念は手ごわい

2012年秋に、スターラインズというプログラムに参加した。

スターラインズはモンロー研の公式プログラムで、フォーカス35からフォーカス49までを探索する。そのプラグラムの最中、毎回のようにセッションの冒頭にユーカリさんが現れた。プログラム3日目、フォーカス42を探索するセッションのとき、途中フォーカス27にある「向こうのモンロー研」を経由する。その時のことだ。

「向こうのモンロー研」にある巨大水晶の前に行くと、ユーカリさんがいた。

「ねえ、遊ぼ」

そう言って、ユーカリさんは巨大水晶めがけて猛ダッシュする。

そして凄い勢いで水晶にぶつかっていく。

もちろん、水晶もユーカリさんも非物質存在なので、難なくユーカリさんは水晶を通り抜けていく。

「キミもやってごらんよ」

そう言いながら、水晶の向こうから手を振る。

そう言われても、全速力で水晶に向かって突進することを考えると少し怖い。

走り始めるのを躊躇していると、

「ほらほら、水晶にぶつかっちゃうとか思ってるんでしょう。その既成概念が体験の邪魔をしているんだよ」

確かにユーカリさんの言う通りである。既成概念がいかに自分の思いを邪魔するか、これまでにも散々体験してきている。

意を決して水晶に向かって思い切り走って突っ込む。

当然ながら何ごともなく、水晶を通り抜けて向こう側に行けている。

「これで既成概念がひとつ消えたね」

そう言ってユーカリさんは微笑んだ。


別のセッションでもふたたびユーカリさんが登場。

ユーカリさんは何もない草原で、階段を昇るような動作で空中に上がっていく。

「キミもこっちおいでよ～」

そう言いながら空中に浮かんだまま私を手招きする。

そう言われても、何もない空間を、あたかもそこに階段があるが如く空中に浮き上がるなんてこと……

「ほらまた！　それが既成概念なんだってば」

そう言って空中から私を睨んでいる。

言われてみれば、ここは非物質界な訳だし……やってみるか。

何もない空間を、階段を上がるようなつもりで足を前に出すと、あたかもそこに階段があるが如く一歩ずつ体が空中に浮いていくではないか。

「ね、既成概念はキミ次第でなくせるんだよ」


その次のセッションの冒頭でも再びユーカリさんが登場。

今度は逆さまになって歩いてみろという。

これも出来ないと思うのは既成概念なのだろう、思い切って逆さまになって歩いてみると、難なく出来てしまう。頭上に草原が拡がり、足下に空が拡がっている。

ユーカリさんは黙って微笑んでいる。


昼の休憩時間を利用して、セミナー会場から5分ほどのところにある樹齢五百歳の木を見に行ったときのこと。

どこからともなく猫の鳴き声がする。

見回すと、なんと可愛らしい猫が、木の上の枝に乗っているではないか。高さにして10メートル以上はあるだろうか。下から見上げるほどのところにその猫はいた。

その木は、猫がいる高さ10メートルを越えるところまで枝らしい枝がない。

猫は何かに追いかけられたかして、その木に上り始めたは良いが、途中に枝がないため、枝のある場所まで必死に駆け上がってしまったようである。

上ったはいいが、さて降りる段になって「困ったな」となったのだろう。

心細そうな声でミャァミャアと鳴く猫だが、助けようにも助けることが出来ない。

その場に居合わせた参加者たちから、さまざまな意見が出た。

「レスキューでも電話して助けてあげたほうがいいんじゃないの」

「大丈夫、猫はあのくらいの高さは降りられるから」

「いやぁ無理でしょ、飛び降りたら骨折るよきっと」

いずれにしろ、私たちはどうすることも出来ない。猫を飼っているという参加者の「たぶん大丈夫だろう」という言葉を信じ、何ら策を講じることなくその場を立ち去った。

そして翌日のフォーカス42セッションの最中に、昨日の木の上の猫がイメージに出てきたのだ。

何かに追われて一目散に逃げたはいいが、そこが高いところまで枝のない木の上だったため、戻ることが出来なくなった猫。それはいやなこと、嫌いなことから逃げ続けて、追いつめられ二進も三進も行かなくなった自分の側面を象徴しているのだろう、そう解釈した。

その際のユーカリさんからのメッセージは、

「何とかして木から降りるのではなく、空に向かって飛べ」

というものだった。

飛んだら間違いなく大怪我、下手をすれば死ぬでしょ、そう思っていると、

「だからそれが既成概念。もしかしたら隣の木に飛び移れるかもしれないし何が起こるか分からないでしょう。見える結果がすべてじゃないよ」

ユーカリさんの説明に、なるほどと思いつつ、飛ぶという選択肢もあるんだ、と感心した。


ところが翌日、もっと凄いメッセージが届くことになる。

セッションの冒頭で、ふたたびガイドのユーカリさんが登場。

「昨日のあの猫ね、本当はいなかったんだよ」

ギョッとする。

いなかったって……確かにいたでしょう、みんな見てるし。

一緒にいた参加者のYさんは写真を撮っていたし、私はその写真を見せてもらったし、いなかったってことはさすがにないでしょう。

なにを言い出すんだユーカリさん。

「だ・か・ら、それが既成概念なんだってば」

既成概念って……いましたって、ちゃんと木の上に！

そう思った瞬間、はたと気がつく。

木の上に猫が本当にいたかどうかは問題ではないんだ。

「いなかった」ことを否定することが既成概念なんだ……

どんなことでも、たとえそれが絶対的な確信があることでも既成概念のワナが潜んでいることがある。

そのことをユーカリさんは私に伝えたかったのだろう。

既成概念を取り除くのは、想像以上に大変な作業かもしれない。

コツコツとひとつずつ、取り除いていくしか方法はないのだろう。

その作業を楽しみながら続けることで、非物質界の知覚が少しずつ拡がっていくのだろう。

終わりのない冒険は、まだまだつづく。

補捉——坂本氏との対談

さて、この章では、私と、アクアヴィジョン・アカデミーの代表でもあり「モンロー研究所公認レジデンシャル・ファシリテーター」の坂本政道氏との対談を掲載したい。

出版前に全ての原稿を坂本氏に目を通していただいた後、坂本氏が感じた疑問などをぶつけていただいた。読者の理解の助けとなるかもしれないと思い、掲載したしだいである。

なお、文面の西は私で、坂とあるのは坂本氏を指している。

●ガイドの声はどんなふうに聞こえるのか？

坂：ガイドの高橋さんとのやり取りは、本当に言葉が聞こえる感じなんですか？

西：いいえ、違います。言葉ではなくて「ロート」、つまり圧縮された情報の「塊」（かたまり）のような感じできます。ですから内容的には瞬間的に意味が理解できます。それを「後」でメモに起こす場面で色々と細かい内容を思い出す感じです。

坂：乱暴な言葉とか、声色とか分かりますか？　男っぽいとか、女っぽいとか。

西：いや、そこまで正確には分かりませんね。ただ「雰囲気」として感じ取るわけです。

坂：先ほど「後」と表現されましたが、どれくらい「後」ですか？

西：瞬時に理解できた後に質問して、また瞬時に理解できて質問する、という形もありますし、セッション後に理解できた内容をメモしているときに、疑問が浮かんで質問する、ということもあります。

坂：私の場合も、情報は塊でくるんですが、それを瞬時に「翻訳」しています。だから私の場合はワンクッションがある。西さんの場合は、その場では翻訳しないのかな、と思って。

西：そうじゃないかもしれない。質問して答えがくる、ということをセッション中もやっていることはある。それはその場で翻訳していることもある。でも実際の会話のように「声そのものが聞こえた」ということはない。でもイメージはけっこう見えます。ガイドの「高橋さん」ががに股で歩いてきたとか。

●ガイドの姿はどんなふうに見える？

坂：見えるというのは、物質世界と同じような感じで見える？

西：断片ですね。セッションでずっと見え続けるということではない。会話が始まってしまうと、会話に集中するせいか姿は分からない。ふっとした瞬間にイメージが沸いてくることがあるが、断片ですね。

坂：なるほど。すっきりくっきり見えるのかなと思ってうらやましいと思っていたけどそうじゃないんですね。

西：なんとなく、という感じですかね。柄の悪いおっさんだな。怒っている感じだな、とか。そういった感覚が印象として分かります。

坂：じゃぁ、見えないというか、ぼんやりとしか見えないとかということもあるんですね。

西：ええ、ありますね。

坂：どういうときに見えて、どういうときに見えないのか、その辺を分析したことがありますか？

西：そうですね。僕はあまり分析とかしていないですね。

坂：私の場合は、意識が深く入ったときは見やすいですね。リラックスしていると、よく見えています。会話だけしているときは、見えていない。

西：たしかにそうですね。何気なく会話しているときとかは、見えていないですね。（見えていない、というよりも見ようと努力していないというほうが近いです。会話しているときは会話が体験のすべてになっていることが多い）

坂：交信というのは、そんなに深く入っていなくても出来ますね。そういう時は、交信、会話に夢中になっていて姿とかは気にしていない。でももっと深く意識が入り込むと、姿が見えてくる。

西：たしかに。そうですね。

坂：トレーナーのMさんは意識が深く入ると、はたから見るとぐっすり眠っているように見える。そういう時は「いびき」も凄い。で、目覚めると「いや〜、良い体験ができた〜」と言っている。完璧に寝入っている状態。完璧にリアルな世界なんですね。自分の背景、後ろも完壁に見えるそうです。

西：凄いですね。僕はガイドとか、周りがどうなっているかとかは、自分で見ようと意識しないと分からないですね。ガイドとの交流の後、起きて記録を取っているときに追加でいろいろと情報が入ってきたりすることもあります。それから、向こう（非物質界）から還ってくるときに「いま体験した内容を忘れないようにしよう」と体験した内容を反復しながら戻ってくるときがあります。そうすると忘れにくくなります。

●ガイドとの交信記録を忘れないコツとは

坂：私がやるのは、例えばフォーカス27のセッションで、ガイダンスが「フォーカス27から帰還しましょう」といったら、すぐガバッと起き上がって体験を記録し始めます。
西：そうですね。僕もそういうことあります。僕はヘッドフォンを外してしまうのですが。
坂：え〜。ヘッドフォン外しちゃうの。私は付けたまま起きて、そしてパソコンに入力するけど。
西：僕はパソコンが別の部屋にあるので、ヘッドフォン外さないといけないんですよ〜。
坂：そうなんだ。セッションが終了するまでヘッドフォンはしっかりと付けていたほうがいいですよ。うまく覚醒状態へ戻ってこれるので。
西：僕はヘミシンクを聴きながら、セッションの最中にメモを取るということはあまりしませんね。忘れないようにするために、キーワード的なものを覚えておくとかします。
坂：西さんはイメージ系なの？　会話系なの？　非物質界での体験で、何かが見えるという体験が中心のいわゆるイメージ系の人と、交信とか会話が中心の人といるんですが、イメージ系が8割ぐらいで、会話系が2割。両方使える人って、たぶん1割くらいだと思うんだけどね。たいていはどちらか。西さんは両方ができるみたいですね。会話できる人って少ないんですよね。会話でなくて、一緒に「交流」するって人もいます。一緒に何かをやる、って感じですね。その間に会話はない。
西：僕はフォーカス12とかではイメージが見えるだけ、というのが多いですね。見えたイメージから理解する。でもフォーカスレベルが高くなると、逆に会話が多くなります。そういう意味では両方使えるのかもしれません。

●いろんなガイドがいる

西：ガイドにもいろいろ役目があるみたいですね。ガイドにもいろいろいるみたいです。一度聴いてみたことがあります。「なんで一人で全部やらないのか」って。でも実際にはいろんなガイドがでてきます。体験して分かったのは、こういう場合はこのガイド、違う場合はこっちのガイド、という具合になっている。役割分担があるみたい。

坂：ガイドにもいろいろいるようです。弁が立つとか、行動が機敏とか……。理論的とか情緒的とか。つまり、ガイドにも「俺、これが苦手～とか、これは任しておいて～」とかいるようです。サディーナという私のガイドですが、彼女は右脳的なんです。難しいこと、理論的なことはどうも不得意みたいです。バシャールとかは上手く説明できるんですけどね。サディーナは、ハートとか、直感とかは得意なんですけどね。だから、論理的に説明が必要な事柄は「それはバシャールに尋ねたほうがいいのでは」と言ったりします。そういうもんかなぁ、と思いますけど。歴史のことはバシャールは不得意ですけどね。歴史が得意なガイドもいますね。バシャールは古代日本語がわからないみたいですよ。つまり、我々よりもちょっと進んだ存在なのかもしれませんね。

西：僕は最初のころ、ガイドというのは自分からかけ離れた存在と思っていましたが、実際にガイドと接してみるとそんなことはなかったです。

坂：実際、いわゆる第3密度（人類の今の段階）と第4密度（人類の一つ上の段階）がありますが、我々が接しているガイドはサディーナとかバシャールがそうであるように、第4密度の存在ということになります。

●「羅針盤」とはなんだろう

坂：本文の中に「羅針盤」という言葉が出てきます（本文146頁）。「自分の感覚として向かうべき方向」だ　と思いますが、もうちょっと詳しく説明していただけますか。

西：違和感を覚えることをやると上手く行かなかったことがある。理詰めで説かれて納得してもなんとなく違和感を覚える。それは何故だろう。誰がそれを「教えて」いるんだろう。それを感じている自分とはなんだろう。自分の「何」がそれを感じているのだろう。なぜ違和感を感じるかを理屈では説明できない。そういう「感情」はどこからくるのだろう。理屈の上では正しくても違和感を感じているときは、結局うまくいかないんです。つまり違和感がそれをやるべきか止めるべきかを教えてくれている。それが、羅針盤という感覚ですね。

坂：バシャールは「ワクワクするほうへ向かう」というようなことを言っている。同じことですね。

西：ひとつ例を挙げると、自分の必要とする情報をネットで探していたりする。で、必要な情報に辿りついたとしても、「これはなんか違うな」と感じる自分がいる。ああいう感覚なんですね。情報に辿りついたけれども、なんかすっきりしない。「違う」と感じる。

坂：不動産物件を探していたとき、理想の家が出てくる。でそこに伺って実際に見てみると、どこか違う。何か違う。何がどう違うのか説明できないけれど、「違う」。こういう感覚かなぁ。

西：そうです。

坂：100%、ハッピィーでないんですよ。違和感ですね。直感にしたがうことも必要ですね。ただ、違和感を感じたときに、実際に止められるかどうか。自分だけが関連するなら決断できるけれど、他人がそこに絡んでいる場合は、簡単ではない。でも、それを簡単そうにやる人がいる。以前あった話ですが、あるベンチャー企業を興した人なのですが、自分の会社を別の会社へ売る話が煮詰まっていて、銀行も買い手の企業の人も集まって、さぁ書類に判子を押すだけとなった。ところがその人、なんか気が進まないんです。それで本当に土壇場で判子を押さなかった。みんな唖然です。でもね、その後どんでん返しで、ある事が切っ掛けで、判子を押さなくてよかったと判明したのです。その人が感じた「何かが違う」のは、本当だったのです。これはなかなか出来ないことですが、それをやったのです。直感を信じてうまくいったわけです。そういう「成功体験」があれば直感を信頼できる。「成功体験」がないとできないし、「理屈」に頼ってしまう。ただし、成功か失敗かは、長い目で見なくては分からないことです。

西：確かにそうですね。長い目で見ることが大切ですね。僕の場合も「失敗」しましたが、あとで考えると、今の自分にとっては大切な出来事でした。その意味では「成功」だったと思います（本文230頁参照）

●人生の壁、とは

西：僕の場合、それは乗り越えなければならなかった「壁」なのか、それとも単に「避ければよかっただけなのか、それが重要です。小さい頃から「壁」は乗り越えなくてはならない、と教え込まれた感じがします。でも今思うと、超えなくてもいい壁もたくさんあった。

坂：そうなんですよ。これと関連するんですが、ひとつ面白い例をお話しします。私には2歳になる孫がいます。ある時孫が「ハサミ」を持ちだして、遊んでいる。私はアブナイと思って、いろいろ説得しようとしたけれど、、孫は言うことをちっとも聞かない。やれやれ困ったなと思っていたら、うちのカミさんが別のおもちゃ持ってきて、ポイっと孫に与えた。孫は嬉しそうにハサミを放り出して、新しいおもちゃに飛びついた。私は、「なんだそれ」と唖然としてしまった。「そんなのでいいのかよ〜」と。でもそれで良かった。孫を説得する必要はなかったんですね。

西：乗り越える必要のないものは、黙って見過ごせばいい。乗り越えなくてはならないものは、自分がどうこうしなくても「乗り越える」まであらわれるものです。

坂：そうです。壁は乗り越えるべき物、という思い込みが我々にはあるみたいだけど、違いますね。必要のない壁もある。関係を変える、ということも必要ですね。

●見かけで判断しない

坂：高橋さんは見かけによらず、すばらしいことを言いますよね。非物質界の世界で遭遇する存在について言えることですが、見かけで判断すると、まずい場合があります。外見はいかにも聖人だけど、言うことが怪しいという存在もいます。そういう存在が良い存在なのか、いわゆるダークサイトの存在なのかを見分けるのは、「見かけ」ではなくて、「何を言っているか」です。言っている内容がまともなら大丈夫。でもその逆は危ういというか「アヤシイ」。私も過去に引っかかったことがあるので、これははっきり言えますね。「これをやらないと大変なことが起きますよ」こういうことを言う非物質存在は避けたほうがいい。10個良いことを言って1個、アブナイことを言うようなら避けるべきですね。これはガイドではありません。

西：高橋さんは見た目が最悪ですが、言っていることはとても真面目で納得できます。ああ、ガイドだなぁと感じられます。何度も同じ質問をしていて、何度も同じ答えをもらっているのです。柄は悪いですけどね。

●早朝に起きてCDを聴く

坂：自宅でCDを聴く場合、夜寝る前に聴く人がいますが、それだと間違いなく寝ますね。ヒロさんは早朝に起きて、コーヒー飲んだり、体を動かしたりしてから聴くと書いてありましたが、あれ、効きましたか？

西：ええ、効果ありました。僕はセミナーに参加しても何セッションかは寝てしまうほうなのです。だから「どうしたら寝ないか」を自分なりに考え、行動しました。朝4時に目覚めるようにしたのですが、そうしたら早く寝ないとダメです。朝4時起床ですから、遅く寝ているとコーヒー飲んだり運動したりしても、セッション中はすぐに眠くなります。ですから、できるだけ早く寝ることですね。10時に寝て翌朝の4時に起きて、シャワーを浴びてコーヒーを飲めば大丈夫です。一番良いのは、休みの前日に十分に睡眠を取ってやることです。でも僕は最初の頃は休みの日だけでなく毎日エクササイズをしたかったので、会社がある日も4時起きで聴きました。

●ガイドに会うためのアドバイスとかありますか

坂：読者の皆さんのなかには、「ガイドになかなか会えない」「どうしたら会えるようになりますか」という人が多いと思います。そういう人に対して、何かアドバイス的なものがあれば教えてください。

西：ガイドが見えない、会えなくても、ガイドが「そこに居る」と想像して（自分で勝手に想像する）みることが大切だと思います。そして、とりあえず会話を始めましょう。会話しているつもりになるだけでも良いです。最初は「自問自答」になってしまいますが、それで良いと思います。そうすると、いつの間にか想像ではない（想像し得ない）会話が始まっていたりします。ガイドとの会話を想像することで、本当の会話が始まるんです。ともかく「想像」してみることだと思います。

坂：なるほど。会話が得意な人は、想像でも会話がずっと続くことが多いですね。ところが会話が得意でない人は、すぐに想像が途切れてしまう。そういう場合はイメージ（光景）を想像するほうがいいかもしれませんね。交信ポイントを作って、そこにガイドを呼んで一緒に何かをやっていることを想像するとか。

西：そうですね。僕もそうでした。僕の場合は、会ったと同時に会話が始まりましたけど。自分のイメージと違う場面が出てきたのは過去世を見に行った時でした。ナレーションの誘導に結構戸惑いがあったのですが、誘導に従い、場面を想像したのですが、自分で勝手にイメージしていると、なかなか進まないのです。理論的に考えているんですね。昔の人だからたぶんこんな感じかな、とか。でもそのイメージは「呼び水」として必要だったと思います。ある瞬間から、イメージが自分の考えとは違うものになりましたから。ですから、想像することはとても大切だと思います。「想像」は切っ掛け、呼び水となりますから。会話も想像することから始めると良いですよね。ですので、まとめとしては、自由に想像しましょう、ということですかね。

あとがき

ガイドとのコミュニケーションを主題にしたヘミシンク体験記。

私が書くならこれしかないな、と思っていた。

自分で言うのも何だが、幸か不幸か（もちろん、不幸だなんて微塵も思っていないが）私のガイドたちは一風変わっている。

本書をお読みいただいたあなたには、それは十分に伝わったことと思う。

「なんだよ、俺じゃ不満か」

という、高橋さんの声がいまにも聞こえてきそうである。

なぜだか、私のガイドたちはみんな人間くさい。

大いなる自分（トータルセルフ）から見れば、私もガイドたちもみんなトータルセルフの一部であり、そういう意味ではガイドは私の側面のひとつである、とも言える。

え、シンガスさんやユーカリさんはともかく、高橋さんや熊田くんも私の側面なの？

そう思わなくもないが、彼らはみな、私にとって愛すべき家族のようなものである。

いつも私のそばにいてくれて（それを感じているかどうかはともかく）、私を手助けしてくれている。そんな私の家族をご紹介する機会をいただけたことに、ほんとうに感謝している。

本書を執筆する際、高橋さんに「書くべきか」を訊いてみた。

「書きたいんだろ、だったら書けばいいじゃねぇか」

そして、いま書き終わって、

「良いのが書けたな、やるじゃねぇか」

そんな声が聞こえてくる。


この本を手にしたあなたが、ほんの少しでも「読んで良かった」と思っていただけたなら無上の幸せである。


最後までお読みいただき、ほんとうにありがとうございました。

今度はセミナー会場でお目にかかれるのを楽しみにしています。

２０１５年新春　西　宏

【付録・セミナー受講履歴】

私がヘミシンクに出会ってから現在までに受講したセミナーを、時系列に沿って記載する。これらのセミナーに参加することで、日々のヘミシンク体験を補強、チューニングしながら進んでこられたと思っている。

これらセミナーについての詳細は、アクアヴィジョン・アカデミーのホームページをご参照いただきたい（http://www.aqu-aca.com）

2008年

12月　基礎コース（現・エクスカージョン・ワークショップ）

2009年

1月　フォーカス15探索コース

2月　フォーカス21探索コース

　　　フォーカス27体験コース

4月　フォーカス21探索コース

5月　フォーカス35体験コース（現・トータルセルフ体験コース）

10月　バシャールコース

2010年

2月　トータルセルフ体験コース
4月　ゲーウェイ・ヴォエッジ（米・モンロー研にて）
6月　創造性開発コース（現・フォーカス15創造性・直感力コース）
9月　ライフライン（小淵沢）
10月　フォーカス15願望実現コース
　　　チャクラ・ヒーリングコース

2011年

4月　フォーカス15超時空コース
5月　エクスカージョン・ワークショップ
　　　アセンション・セミナー
9月　エクスプロレーション27（小淵沢）

2012年

3月　エクスカージョン・ワークショップ
4月　エクスカージョン・ワークショップ

7月　フォーカス21探索コース
　　フォーカス15超時空コース
8月　フォーカス15創造性・直感力コース
9月　フォーカス21探索コース
　　フォーカス27体験コース
10月　フォーカス15願望実現コース
　　スターラインズ（小淵沢）
　　ガイドとの交信コース
11月　ピラミッド体験入門コース

2013年

4月　シンク・クリエーション・ワークショップ
8月　スターラインズ2（米・モンロー研）

2014年

4月　フォーカス27共同救出コース
6月　イントゥ・ザ・ライト・スペシャル
11月　レトリーバル集中コース

著者紹介／**西　宏** にし　ひろし

モンロー研究所公認アウトリーチ・ファシリテーター
アクアヴィジョン・アカデミー公認ヘミシンク・トレーナー
1962年、東京生まれ。中央大学卒業。2008年に以前から興味のあったヘミシンク・セミナーに初参加。その後アクアヴィジョン・アカデミーの各種セミナーおよびモンロー研究所の各種プログラムに参加。
ヘミシンクを始めた当初から、自らの体験記録をブログに公開し続けている。
日々のヘミシンク体験を重ねていく過程で、これは自分だけでなく、ヘミシンクによって意識世界を探求する方々のお手伝いがしたいと思うようになり、2012年、アクアヴィジョン・アカデミー公認ヘミシンク・トレーナーとなる。

アクアヴィジョン・アカデミーのウェブサイト（http://www.aqu-aca.com）

軽トラでやってきた神さま

平成27年2月6日　第1刷発行

著者　　西 宏
発行者　日高裕明
発行　ハート出版

〒171-0014　東京都豊島区池袋3-9-23
TEL03-3590-6077　FAX03-3590-6078
ハート出版ホームページ　http://www.810.co.jp

ISBN978-4-89295-993-6　編集担当／藤川　印刷／大日本印刷

坂本政道の本

アセンションの鍵
２０１２年とアセンションの大きな誤解。バシャールとの交信が真実を明らかにする。
本体１５００円

ピラミッド体験
バシャールが教えたピラミッド実験で古代の叡智が暴かれる‼
本体１８００円

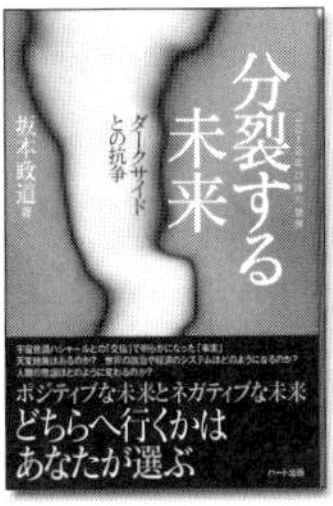

分裂する未来
バシャールとの「交信」で明らかになった「事実」。ポジティブとネガティブ、未来を選ぶのはあなた。
本体１５００円

２０１２年目覚めよ地球人
２０１２年は一大チャンスだ。人類は「輪廻」から卒業する。
本体１５００円

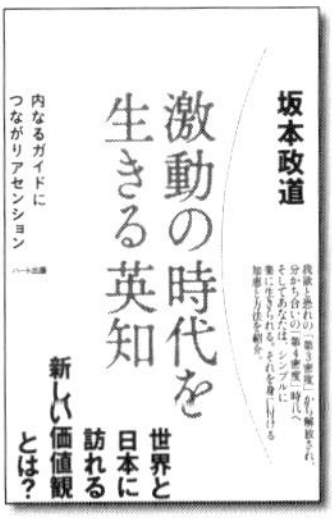

激動の時代を生きる英知
世界規模の激しい変化。人類がこれからを生き抜くために必要な英知を内なる高次意識に聞く。
本体１４００円

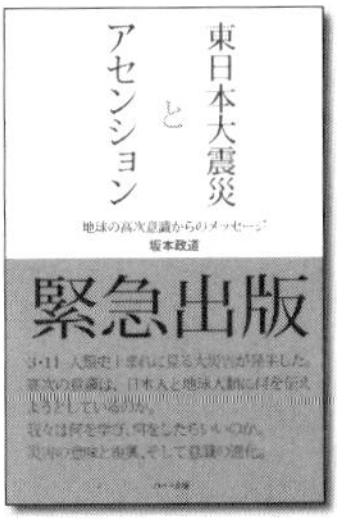

東日本大震災とアセンション
３・11の意味とは？ そしてこれからの日本と世界は……
本体１３００円

死後体験
日本人ハイテクエンジニアによる世界観が一変する驚異の体験報告。シリーズは４まで。
本体１５００円

２０１２人類大転換
我々はどこから来たのか？ 死後世界から宇宙までの数々の謎が解き明かされる。「死後体験」シリーズ４。
本体１５００円